政府信息公开理论与制度研究

卢雪艳 ◎ 著

线装书局

图书在版编目（CIP）数据

政府信息公开理论与制度研究 / 卢雪艳著. -- 北京：线装书局，2023.8
ISBN 978-7-5120-5682-4

Ⅰ. ①政… Ⅱ. ①卢… Ⅲ. ①国家行政机关－信息管理－研究－中国 Ⅳ. ①D630.1

中国国家版本馆 CIP 数据核字(2023)第 170301 号

政府信息公开理论与制度研究

ZHENGFU XINXI GONGKAI LILUN YU ZHIDU YANJIU

作　　者：卢雪艳
责任编辑：曹胜利
出版发行：线装書局
地　址：北京市丰台区方庄日月天地大厦 B 座 17 层（100078）
电　话：010-58077126（发行部）010-58076938（总编室）
网　址：www.zgxzsj.com
经　　销：新华书店
印　　制：河北创联印刷有限公司
开　　本：710mm×1000mm　1/16
印　　张：13
字　　数：272 千字
版　　次：2023 年 8 月第 1 版第 1 次印刷

线装书局官方微信

定　　价：88.00 元

前　言

政府信息公开制度是指国家行政机关和法律、法规及规章授权和委托的组织，在行使国家行政管理职权的过程中，通过法定形式和程序，主动将政府信息向社会公众或依申请而向特定的个人或组织公开的制度。政府信息公开制度是走向透明政府的重要特征，对规范政府行为、维护公民权利、推进社会主义民主法制建设及社会的稳定和谐都有着积极重要的意义。近年来，政府信息公开在我国的一些地方开始步入实践，并引起普遍关注，成为社会的热门话题和政治学界的重要课题。但是，我国的政府信息公开还刚刚起步，无论是实践还是制度建设尚不完备，亟待研究完善。

本书主要对政府信息公开制度进行研究和探讨，首先概述了政府信息公开的相关内容，详细系统地分析了政府信息公开的理论基础、政府信息公开的价值目标、政府信息公开的基础和原则，然后重点探讨了政府信息公开制度、政府信息公开制度历史和体系构建，以及我国政府信息公开制度的立法建设等内容。

在写作过程中，笔者借鉴了国内外很多有关的研究成果及著作、期刊、论文等，在此对相关学者、作家表示诚挚的感谢。同时，由于笔者水平有限，书中难免有疏漏之处，希望各位专家和广大读者批评和指正。

前言

[illegible]

[illegible]

[illegible]

目 录

第一章　政府信息公开概述

第一节　政府信息概念和特点

一、政府信息的含义与特点

信息是现代社会中个人、组织进行活动的基础与原动力，是决定其发展与进步的举足轻重的因素；政府是国家信息资源的最大拥有者，也是最大的信息生产者、使用者、发布者。政府信息活动规模巨大，对社会公众具有强大的影响力，政府信息对这个国家的发展价值极大，政府信息活动的效率和效益如何，直接关系到国家的前途和命运。

（一）政府信息的含义

政府信息是政府部门为履行职责而产生、获取、利用、传播、保存和负责处理的信息。政府信息是指政府机关在依法履行行政管理职责或者提供公共服务过程中制作、获得或者掌握的，以纸质、胶卷、磁带、磁盘和其他电子存储材料等载体反映的内容。它是人们全面考察、评价社会情况，从事政治、经济、科技、军事、文化等活动所必不可少的国家资源。政府信息不仅数量庞大，而且具有一般信息不可比拟的优势，直接关系国民经济和社会发展的水平。

（二）政府信息的特点

1. 信息资源的丰富性

在整个国家信息资源体系中，政府是信息最大的生产者、拥有者和传播者。

2. 信息品质的优异性

与其他信息相比，政府信息具有权威、真实、准确等优异品质。首先，来源于各级政府部门的政务信息，具有很强的一贯性和一致性；其次，来源于社会的统计信息则具有相对固定的渠道和正规的途径，以及法定的程序，保证了相关信息的真实性和准确性；另外，政府是各项方针、政策的制定者和各项法律、法规的颁布者，其有关信息无疑具有原始性和权威性。

3.信息采集的垄断性

政府信息的采集与政府机构的职能密切相关。随着政府体制改革的深入，政府的职能将更加明确和单一，政府只做政府该做的事情。由此，政府为履行职能而进行的信息采集就具有唯一性和垄断性；另外，只有政府才拥有通过庞大的行政体系和专业的研究队伍采集信息的能力，使得某些信息的采集具有不可替代性。

4.信息传递的可控性

政府信息的传递，通常都严格按照组织机构正规的权利职能结构、等级结构和信息网络来进行，是一种有系统、有组织的传递活动。这种正规的信息传递活动在空间上表现为垂直流和水平流两个方向。在垂直流中既有自上而下的由高层级向低层级的流动，体现上级领导贯彻政策、发布指示的通道；同时也有自下而上的由低层级向高层级的流动，是上级领导获得反馈信息的重要渠道。水平流则体现政府内具有相同或相近权利、地位、职能等级者之间的横向信息交流。这种横向信息流动有助于协调政府行为、解决实际问题。政府信息传递活动在时间上则表现传递范围由小到大的变化。这种变化是由政府信息的公开与保密的动态、辩证关系所支配的。

二、政府信息的类型与功能

（一）政府信息的类型

基于不同的角度和依据不同的标准，政府信息的种类划分会有不同的结果。

（1）按信源划分，政府信息可分为内生信息和外生信息。前者为政府生产的信息即政务信息，后者为政府管理的信息即社会公共信息；

（2）按内容划分，政府信息可分为政治信息、军事信息、科技信息、经济信息、文化信息等；

（3）按功能划分，政府信息可分为政策法规信息、行业管理信息、宣传信息、日常事务信息、服务信息、统计信息、决策信息等；

（4）按信息流通和传递范围划分，政府信息可分为公开信息、内部信息和保密信息；

除此之外，政府信息的划分方式还有很多。例如，按信息运行状态划分，可分为连续性信息间隔性信息、常规性信息和突发性信息；按信息的表现形式，可分为语音信息、文字信息、数据信息、图形或图像信息；按信息传递方向划分，可分为上情下达类信息、下情上传类信息、横向沟通类信息等。总之，由于政府信息的复杂性，无论从什么角度划分，各种类型的信息之间并不存在严格的分界线，彼此间常常有交叉和重登，甚至在一定条件下可发生相互转化。

（二）政府信息的功能

（1）社会管理功能。政府是公共权力的代表，加强基础性建设和社会管理，为生产力发展和人民生活提供良好的社会环境和条件的政府的职责。政府信息中包含大量有关城市发展的基本概况、远景规划、市政建设、社会福利管理等社会热点信息，这些信息能为社会公众参与社会管理、出谋划策提供依据，进而完善政府的管理职能。

（2）指导功能。政府机构的改革和职能的转变，使得“大政府”变为“小政府”，政府将更多地以政策法规指导社会和经济社会事务。

（3）服务功能。政府信息中拥有大量具有权威性和指导意义的经济信息，如宏观的经济政策、经济统计数据、经济环境分析数据、行业综述、对外经济、科技成果转化等信息。这些信息的开发利用将为推动地区经济发展、引导企事业单位和个体经济在引进项目资金、发布企业信息、促进企业间的合作等经济活动提供重要的指导作用。

（4）决策功能。各级政府和部门领导的主要职责是决策，而决策的基础是信息。比如，重大方针政策与措施的制定，需要理论依据、历史和现实的数据与资料、当前的情况、上级的精神、下级的愿望、左邻右舍的动向等。特别是政府和部门的决策出台后，各地贯彻执行的情况，以及相关的反馈信息，更是决策者迫切需要掌握的。决策者只有依据这些信息，才能决策正确，调控得当。

三、政府信息公开的含义与范围

（一）政府信息公开的含义

关于政府信息公开的含义，学术界的认识不尽一致。有人认为，政府信息公开就是政府机关依照法定程序以法定形式公开与社会成员利益相关的所有信息，并允许公众通过查询、阅览、复制、摘录、收听、观看、下载等形式充分利用政府所掌握的信息的行为与制度。也有人认为，政府信息公开是指行政机关通过公众便于接受的方式和途径将其利用公共资源、在行使公共权力过程中所获取的信息和情报（法律明令应予保密的除外）公之于众，允许公民、法人和其他组织通过查询、抄录、下载、复印、阅读等形式了解、掌握和保存这些信息。还有人认为，政府信息公开又被称为“行政资讯公开”，可以从微观和宏观的角度上理解政府信息公开的含义。微观意义上的政府信息公开是指行政机关依照法定程序向公众或特定的公民提供有关信息的法律行为；宏观意义上的政府信息公开是指行政机关在行政管理中的一项法律制度，即行政机关向公众或特定公民提供行政管理信息的范围、主体、程序、法律后果等要素组成的法律制度。我们认为，政府信息公开就是指国家行政机关和法律、法规及规章授权和委托的组织，在行使国家行政管理职权的过程中，通过法定形式和程序，主动将政府信息向社会公众或依申请向特定的个人或组织公开的制度。

政府信息公开不同于政务公开，虽然两者都要求政府增强其行为的透明度，公开办事，但政务公开主要是指行政机关公开其行政事务，强调的是行政机关要公开其执法依据、执法程序和执法结果，属于办事制度层面的公开。而政府信息公开的内涵和外延都要广阔得多，不仅要求政府事务公开，而且要求政府应当将其行使行政职权过程中获得的信息公开：属于一种权力型公开。

（二）政府信息公开的范围

1. 政府信息公开范围的界定

政府信息公开的范围，从其字面上讲，应该包含两个层次的内涵：一是公开信息的主体范围；二是公开信息的内容范围。就公开信息的主体范围即信息公开立法的调整范围来讲，从各国或地区的立法来看，从小到大依次可以分为四个层次：一是只适用政府行政机关（如美国、日本）；二是适用立法、行政与司法等所有的国家机关（如欧盟）；三是除了所有的国家机关以外，还适用行使公共权力的其他组织（如新西兰）；四是除了国家机关和行使公共权力的其他组织以外，还适用一般的企业或者私法团体（如南非）。在我国，政府信息公开的主体范围主要决定于该项立法采取什么样的形式或由什么样的立法主体来制定。比如，是以法律的方式出现还是以行政法规的方式出现，抑或以其他的立法形式出现。目前，我国正在进行的该方面立法是以行政法规的形式产生，也就是说它的立法主体是国务院，这也就决定了其适用的主体范围或者说政府信息公开的主体范围，主要是各级人民政府及其职能部门及行使行政职权的其他组织。这个主体范围可以说是政府信息公开的最重要的或主要的主体范围，也是各国政府信息公开法调控的重点。严格地讲，政府信息公开的范围是指政府公开的信息内容范围。无疑，政府机关在行使其职权时会获取或掌握很多信息，联合国教科文组织全力动员各国政府努力使任何人都有权使用属于公众的信息，其中第一类就是政府信息。这就意味着，政府信息中属于公众的信息应当公开。我国也有很多学者认为，公开的范围是“公共信息”。一般来讲，一个政府部门有可能掌握以下方面的信息：第一类，属于某些特定个人的信息，如行政机关在从事具体行政行为时对行政相对人信息的了解与掌握；第二类，政府部门职权行使的有关信息（静态信息），如其职权范围是什么，行使的程序是什么，等等；第三类，政府部门组成人员的有关信息，如政府部门各任职人员年龄、性别、职务、学历、家庭地址、联系电话等；第四类，政府部门行使职权过程中所产生的信息（动态信息），如制定的规范性文件、为公众提供服务的程序与方式等。判断哪些信息是公共信息，至少有这样几个标准要把握：一是这样的信息不能涉及特定的个人，但作为国家公职人员的有关信息除外；二是必须不影响国家秘密、商业秘密和个人隐私；三是必须是社会公众都可以利用的，不能只为少数人所掌握和利用。然而，并不是所有的公共信息都是可以为公众所利用的，这也就是各国为什么要明确界定政府信息公开范围的缘故。另外，对于公开信息的义务主体即政府机关而言，公共信息公开的对象只能是社会公众。那么，对于政府所获取的个人信息，作为征集信息的个人是否可以要求政府公开呢？还有，对于涉及政府机关内部的一些信息，如本机关人员的评选、晋升等是否对其内部成员要公开？这里的问题是，政府所掌握的信息是否要区分不同的对象才加以公开？由此区别不同对象而公开的政府信息属不属于政府信息的范围？这个问题似乎是不言而喻的，区别不同对象而公开的信息不具有公共信息的特征，但也属于政府信息公开的范围，只不过与针对公众而公开的公共信息不同的是，它是针对某一个或某些特定主体，以及政府机关内部成员而公开的信息罢了。

2. 确定政府信息公开范围的原则

确定政府信息公开范围的原则是指在确定政府信息范围时所应遵守的

基本准则与原理。确定政府信息公开范围的原则，有助于规范政府信息公开的范围更合理、更完善，以及更具有可操作性。在确定政府信息公开的范围时，要考虑以下原则：

（1）尊重国际惯例原则。世界上最早的关于信息公开的立法可追溯到1766年瑞典制定的《出版自由法》，其后过了将近两个世纪，世界其他国家纷纷展开信息公开方面的立法，芬兰于1951年制定了《公文公开法》，丹麦于1970年制定了《行政文书公开法》，挪威于1970年制定了《行政公开法》。美国的信息公开法由一系列法律组成，如1946年制定的《联邦行政程序法》，1966年制定的《信息自由法》，1976年制定的《阳光下的政府法》，1974年制定的《隐私权法》，1996年制定的《电子信息自由法》等。法国于1978年制定了《行政公文获取权的法律》，澳大利亚、加拿大于1982年制定了《信息自由法》，英国、日本也于1999年制定了《信息公开法》。因此，特别是20世纪下半叶以来，信息公开化立法在世界各国纷纷展开，这无疑反映出现代立法的一个根本趋势。当代形势要求我国在确定政府信息公开的范围时要尊重国际惯例；经济全球化的趋势势必在法律制度等意识形态领域产生影响，要求各国法律的趋同化；我国已加入WTO，为履行自己的承诺，政府应尽量公布与贸易有关的政府信息，其他国际条约及规则确定的内容我国也应当遵守，并有必要转化为国内立法，要求公众一起遵守。

（2）利益平衡原则。世界各国在确定政府信息公开的范围时，都没有规定要公开国家秘密、商业秘密或者个人隐私，都强调政府信息公开但不得危害国家安全、国家秘密、个人隐私与商业秘密等其他社会公共利益。因此，确定政府信息公开的范围就是在政府信息公开与保护其他社会公共利益之间寻求平衡，并通过一系列的制度来保障其他社会公共利益不受损害。这些制度包括：第一，明确必须公开与不能公开的政府信息之间的界限，并对国家秘密、商业秘密、个人隐私、执法信息等予以例外处理，以保证其他社会公共利益。第二，当政府信息公开与不公开的边界出现模糊，不容易确定时，通过利益平衡原则，根据对社会的损害与效益分析，决定是否应该公开政府信息。第三，当政府信息涉及诸如国家安全、国际关系这样的敏感领域时，往往可以通过特殊的法律规定、审查机制和司法惯例等，尊重政府机关对政府信息是否应该公开的判断。第四，对涉及个人隐私与商业秘密的政府信息，设置第三人权利保护制度，非经信息记录对象的同意，政府机关不得公开该类信息。信息记录的对象可以通过复议与诉讼等机制，阻止政府机关公开该类信息。

（3）可分割性原则。可分割性原则（Sever ability）是美国《信息自由法》明确规定的一项原则。该原则是针对《信息自由法》中规定的豁免条款而设置的。即虽然法律明确规定了一些不予公开的信息内容，但绝不意味着政府对含有豁免事项的信息一律不予提供。可分割性原则的设立意味着，凡是可以从含有豁免公开的信息中分离出来的非保密信息，都应毫无保留地予以提供。根据这项原则，信息中可以合理分离的任何部分，在删除根据豁免条款应予保密的部分之后，应当提供给请求获取信息的任何人。我国在确定政府信息的范围时，也应确立这样的原则：第一，最大限度地满足人们对政府信息的需求，且不损害国家秘密、商业秘密、个人隐私等社会公共利益；第二，限制政府部门在信息公开方面的自由裁量权，以保障公众信息的获取权；第三，提高政府信息公开范围的可操作性，便于公众依法行使权利。

（4）对象性原则。政府所掌握的信息可以根据不同的对象而加以公开。一般所讲的政府信息公开是针对社会公众而言的，但是政府公开的信息不应仅限如此，那些应针对特定的人或组织及政府机关内部成员公开的信息也是政府信息公开的内容范围。如政府机关行使某一职权行为的对象即相对人可以要求，或政府机关应主动公开对行为相对人作出处理决定的相关信息；决定部门、决定程序、决定依据与理由、决定结果、救济途径与时限等。对政府机关内部成员来讲，也应该享有某一部分信息的知情权：领导成员廉洁自律情况、内部财务收支情况、内部审计结果、公务员人事管理情况等。确立这样一个原则，目的在于：第一，对政府信息公开的范围尽可能规定得较为完善一些；第二，与其他相关的法律法规，如《行政处罚法》《行政复议法》等的规定相配套、相协调；第三，权利的保障均衡一些，不能对社会公众的信息获取权加以保障，而对某特定主体的信息获取权不予保障，这是不符合立法的目的和意图的。

3. 确定政府信息公开范围的方式

世界各国在制定政府信息公开化方面的法律法规时，都确立了"公开为原则，不公开为例外"，这也是政府信息公开化立法的意图与目的所在。因此，各国在遵循这个原则的前提下，根据本国的实际情况，对政府信息公开的范围作出了规定。综观这些国家的立法，对政府信息公开范围确定的方式不外乎两种：一种是列举式规定，即对政府信息公开的范围作出详细的列举规定；另一种是概括式加排除式规定，即首先作出概括规定，比如，政府所掌握的信息都应予以公开，然后作出排除式规定，即规定有哪些信息可以不予公开。这两种方式各有利弊。第一种方式的优点是明确性强、操作性强，缺陷在于它无法将所有的情况列举全面，有可能挂一漏万。第二种方式的优点在于更具灵活性，但操作性相对较差。我国政府信息公开范围的确定应综合以上两种方式，在作概括性规定的前提下，对一些能列举出来具有很强操作性的内容作出规定，最后对一些排除事项作出列举规定。

4. 我国政府信息公开范围的设想

我国政府信息公开范围的确定方式（这里仅指针对社会公众公开的政府信息范围）应采取概括式规定、肯定性列举规定和否定性列举规定相结合。首先，用概括方式规定政府信息的含义，用肯定列举方式规定政府应该公开的信息内容，并用否定的列举方式规定不予公开的内容。

（1）我国政府信息公开范围的肯定性规定：

政府机构的职能、设置等情况。包括政府机构的名称、地址、联系方式；政府机构负责人的姓名及联系方式；政府机构的职权范及权力来源，即权力是由法律赋予的还是由其他政府机关授予的；政府机构的地位，即是独立的政府机关还是受委托的机构；政府机关的具体职责及保证其职责行使的具体措施；政府机构组织的设置及职能分工；政府机构的内部组织程序规则等。

政府机构的工作程序及规则。程序是保证社会公众获取政府信息的重要保障，应在立法中明确规定公众获取政府信息资源的程序、规则，如需要准备的证件材料、必须填写的书面文件、表格及其具体内容；交纳申请手续费、对申请给予答复的期限等。

政府机构的决策、政策与措施。包括本政府机构所辖区域的社会经济发展战略、发展计划、工作目标及完成情况；事关全局的重大决策和出台的政策；法规、规章、规范性文件及其他政策措施；政府机构审批的项目；当地重大突发事件的处理情况；政府机构承诺办理的事项及其完成情况等。

监督方式。公众在获取政府信息过程中，可以就政府机构的工作人员贯彻信息公开法的情况、办事效率、工作态度等进行监督，规定举报、申诉的方式、程序和规则。同时，还应明确政府工作人员无正当理由拒不提供信息所承担的法律责任，以及公众在政府部门拒不提供信息时可以采取的救济措施与途径。

（2）我国政府信息公开范围的否定性规定（即豁免公开的条款）：

根据我国现行的有关法律法规不予公开的信息，如根据我国国家保密法被确定为国家秘密的信息；其他有关法律法规明确规定不予公开的信息。

公开会影响公共安全与公共秩序的信息。如公开后会令司法工作受到伤害或损害，会妨碍刑事侦查与审判的信息；公开后会使得维持社会安宁、公众安全或保障财物的工作受到伤害或损害的信息；公开后可能会危害他人人身安全的信息等。

与公众无关的、纯粹的机关内部的人事规则与事务。但是，涉及内部的人事规则与事务应对其内部成员公开，不对社会公开。

企业的商业秘密。

公开后能够确定特定个人身份的个人信息，但有以下情形的除外：法律、法规规定公众可以查阅的个人信息；为保护人的生命、健康或财产，有必要加以公开的个人信息；与政府机关工作人员履行职务义务的相关的个人信息；个人信息记录的对象同意公开的。

政府机关在决策过程的信息公开后会影响决策过程，或引起社会公众混乱的信息。

第二节 政府信息公开的本质属性

一、民主性

马克思、恩格斯和列宁认为，社会主义民主的基本特征是政治上和经济上完全的、普遍的民主。民主体现于参政权，参政先要议政。议政权源于知情权，没有政府信息公开就没有人民的知情权。人民参与国家行政管理的一个基本立足点就是政府信息必须公开。

邓小平提出："没有民主就没有社会主义，就没有社会主义现代化。"社会主义政治是人民当家做主的民主政治，这是社会主义的本质。人民当家做主的权利是在有效享有知情权、参与权、选举权、监督权等政治权利的基础上实现的，其中，知情权是一项基础性权利。没有政府信息公开，就没有老百姓的知情权，也就没有真正的民主。因此，政府信息公开作为民主的一项基础工程，对我国社会主义民主政治的建设具有至关重要的意义。

二、法治性

法治，意味着法的权威大于人的权威，意味着政府施政必须严格依照法律法规，意味着人民的权利得到充分而有效的法律保障。在我国，由于长期的封建社会导致人治传统的影响，建设社会主义法治国家是一条曲折而漫长的道路。实行政府信息公开，对于社会主义法治国家的建设有着深远的意义：一方面，政府信息公开为人民了解和知晓法律法规、政策措施创造了便利，使他们有效明白地行使自己的权利；另一方面，政府信息公开也使政府工作人员增强法制观念，促进依法行政，实现依法治国。

三、公正性

自党的十四大确立建设社会主义市场经济体制改革目标以来，我国的经济主体、管理模式、运作方式都发生了巨大的变化。市场经济是法制经济、规则经济，必须依赖政府提供公平、公正、完备的规则，并利用这些规则有效地进行市场监管和经济调控。政府信息公开的内容之一就是法律、法规、政策、制度、规则的公开。显然，这对于市场经济体制的确立和运行有着基础意义。

四、熵减性

熵减性是指从政人员与社会公众的信息对称趋向。通俗地讲，在于对权力的制约，让权力在阳光下运行，使行政管理活动真正置于社会各界和各种专门监督机构的监控之下，使监督行政有的放矢。

1969 年，由世界著名物理学家普里高津创立的耗散结构理论，在近 30 年内被广泛应用于管理领域。热力学第二定律揭示了系统自发地从有序变为无序的规律，即“熵增原理”。这一规律在封闭、孤立的社会系统中也完全适用。普里高津告诉我们，打破这一规律的唯一办法就是开放，只有开放才能吸收负炳流，抵消系统自身的正熵，减少总熵量。开放是形成耗散结构的首要条件。开放越大，系统与外界的物质、能量、信息交流越多，系统活力就越大 Q 行政系统也是如此，在一个封闭的体系内必然出现“熵增现象”，产生混乱和无序，滋生腐败和不正之风。政府信息公开就是行政管理开放的基本形式，并在公开的过程中，接受监督，及时反馈群众的意见，不断改进工作，实现社会的监督和信息的交流，这样才能克服无序，铲除滋生腐败的土壤，纠正不正之风，建立有序、高效、可持续发展的行政管理系统。

第三节 政府信息化与政府信息公开

20 世纪 90 年代以来，伴随着信息技术特别是网络技术的飞速发展，信息化成为各国普遍关注的一个焦点。在国家信息化体系建设中，政府信息化又成为整个信息化的关键。政府信息化的推进将对政府信息公开产生深刻的影响。

政府信息化是指为了适应信息时代的到来，运用信息技术、通信技术、网络技术，以及办公自动化技术等现代信息手段，对传统的政府管理和公共服务进行改造，从而大大提高政府管理的有效性，满足社会及公众对政府公共管理和公共服务的期望，促进社会经济发展的过程。

一、电子政务加快政府信息公开步伐

政府信息化首先表现为政务工作信息化，而电子政务实际上就是政务工作信息化的具体体现。所谓电子政务是指国家机关在政务活动中，全面应用现代信息技术、网络技术，以及办公自动化技术等进行办公、管理和为社会提供公共服务的一种全新的管理方式。电子政务的核心价值或主导取向，是其所具有的透明度和政府治理与社会、民众的互动。

电子政务的应用主要集中在五个领域。一是政府为社会提供的应用服务及信息发布。包括通过政府网站发布信息，提供查询；面向社会的各类信访、建议、反馈等数据的收集和统计系统；面向社会的各类项目申报、申请；相关文件、法规的发布、查询；各类公共服务性业务的信息发布和实施。二是政府部门之间的应用。包括各级政府间的公文信息审核、传递系统；各级政府间的多媒体信息应用平台；同级政府间的公文传递、信息交换。三是政府部门内部的各类应用系统。四是涉及政府部门内部的各类核心数据的应用系统。五是政府电子化采购，即政府电子商务的运用。显然，电子政务的推进，就是以政府信息的公开为核心内容的政务信息化，它为政府信息公开提供了技术条件，同时，也使政府信息公开成为必然的选择。

二、政府上网提高政府信息公开效率

政府上网就是政府的职能上网，即运用信息技术和通信技术，打破行政机关的组织界限，在因特网上建构一个虚拟化的机关——电子政府，实现政府的职能工作。政府信息公开要求政府通过一定的方式向社会公开政府信息，以使政府机关的所有事务和活动，置于人民群众的普遍监督和关注之下。政府上网将对政府信息公开起到积极的作用，极大地提高政府信息公开的效率。具体表现为：

第一，政府上网为政府信息公开提供了有效的运行载体，奠定了政府信息公开运作的物质基础和技术基础。众所周知，因特网与传统大众媒体有着本质的区别，其独特、适时的交互形式，可共享的海量信息，以及无时间、地域限制的访问方式，是其他任何媒体所不能比拟的。它是政府管理最为重要的信息工具，在未来的社会生活中扮演着重要的政治角色。由于政府管理职能中除去法律规定的特殊情形之外的所有部分将逐步上网运行，因特网将成为未来政府信息发布的主要载体和政务运作的主要平台，成为公众获取信息和实现社会多种功能的重要手段，成为政府服务于社会、树立形象、宣传政绩的动态广告，深刻影响并决定着政府的活动及其政策制定的取向。此外，网上规范的工作流程、简化的管理程序，减少了许多不必要的中间环节，提高了政府信息公开的时效性，保证了政府信息公开的质量和效率。

第二，政府上网实现了政府信息管理的直接化，体现了政府信息传递方式的根本变革。因特网超越时空界限的高效性、仿真性和交互性，使得政府信息传递的直接化成为可能，同时，因特网传递信息的高速和便捷，极大地降低了政府信息传递的成本耗费。另外，公众可以通过网络渠道表达意见，与政府领导对话，甚至参与政策的制定；政府也能直接地了解群众的意见和建议，修正管理失误和改进政府管理工作，增强管理决策的科学性。

三、电子政府重组政府信息公开模式

电子政府，是指应用信息及通信技术重组政府及其服务，建立政府网络体系，并通过不同的信息服务设施（如电话、个人电脑、移动电话、数字电视、公共信息站等）对政府机关、企业、公民及其他社会组织，在其方便的时间、地点及可利用的方式下，提供高质公平的自动化信息及其他服务，从而建立一个有回应力的、有效率的、有责任的、“以民众为焦点”的政府。电子政府最重要的内涵是打破传统行政机关的物理组织界限，整合和贯通政府部门的流程，基于因特网构造一个网络化政府，使得人们可以在不同时间、不同场所、利用不同渠道便捷地获取政府信息及其服务；而政府部门之间及政府与其他社会组织之间也是通过各种电子化渠道进行沟通，并依据人们的需求、人们可以使用的服务形式、人们要求的时间及地点，给人们提供高质、高效、公平的服务。

电子政府促进电子民主和社会公平，为公众参与决策提供了新的手段和模式，大大提高了公众参与政府决策的深度和广度，扩大了社会平和民主政治的内涵，形成了电子民主等新的概念模式。电子民主主要是指民主过程及方式的电子化，包括通过在线服务实现价值观和政治立场的交流、反映和集中，主要形式有在线竞选、在线选举、在线民意调查、候选人与选民在线交流、在线听证与立法及在线政治意愿表述等。

电子政府提高了政府信息和公共决策过程的透明度。信息与通信技术的广泛运用大大提高了政治信息的公开度。政治信息的公开是民主政治的基础，也是开放政府的根本。通过网络系统，立法活动、政策制定、政策实施、公共开支等信息及时为公民所知，便于公民有效参与公共决策过程，并且对公共管理过程实施有效的监督。

电子政府提供了公共参与的良好信息环境。政府掌握着最大量的公共信息资源，处于绝对的信息强势，而普通公民相对处于信息弱势，传统政府的运作和决策过程很大程度上对普通公民而言是不可认知的。信息的不对称是造成这一障碍的最大问题所在。电子政府的开展，信息网络的建立，大大推动了信息的产生、提供、获取和处理的能力和速度，同时也保证了信息的真实性，从而使公众随时掌握政府信息，避免了因信息不对称造成的判断非理性行为。电子政府提供了公民公共参与的便捷渠道。传统的公共参与方式的有限性往往限制了公民的参与积极性，而电子政府的建立，尤其是电子社区的建立，使得政府与公民之间通过各种电子渠道和网络平台连接起来，极大地方便了公民对政府决策过程的参与。同时，这种互动性的网络技术增强了公共参与的实效性和有效性，提高了公民参与的热情。网络的独特性有助于激发公民的公共参与。网络的虚拟性对促进公民公共参与的积极性是不可忽视的，这种虚拟性减少了政治参与的不安全感，网络上的参与往往是主动自主的，而且这种参与可随时加入随时退出，有很大的自由度。网络的互动性使个体不仅仅是信息的接受者，应成为一种主动的选择者或者生产者。网络提供的公民与高层政府官员直接的对话机会增强了公民政治功效感，促进了公民的公共参与热情。

第四节 我国政府信息公开的实践探索

一、我国政府信息公开的现实探索

作为政府信息公开制度的理论基础之一的人民主权原则，在1949年的《中国人民政治协商会议共同纲领》和1954年的《宪法》中就已确立。只是，中华人民共和国成立后，由于社会主义民主政治制度建设中出现的曲折，曾一度出现将政治权力的公开行使与保守国家机密对立起来的不正确认识。直到党的十一届三中全会后，随着改革开放和政治体制改革的深入，才逐渐提出了政府信息公开的问题。

我国政府信息公开是随政务公开的蓬勃发展而不断推进的。20世纪80年代后期，一些地方开展了“两公开一监督”的活动，即公开办事程序、办事结果，加强群众监督，这是我国在改革开放新时期推行政务公开的最初尝试。差不多同时，在联产承包责任制搞得较早的个别村庄，村务公开也开始萌芽。中共中央和国务院在1991年有关农村工作的决定中提出了村务公开制度，1998年中共中央办公厅与国务院办公厅专门发文，在全国范围内推广村务公开。2000年12月，中共中央办公厅与国务院办公厅再次发文，在全国范围内推进乡、镇一级的政务公开。公安部在1999年也专门发出了通知，要求各地公安机关在10月1日前普遍实行警务公开。各地推行政务公开的活动蓬勃展开，由点到面逐步推广。中国各地方和各部门都制定了一些政务公开的规定，引入了诸如公开招标、公开竞争、公开招考、公开数据、公开配额、公开办事制度与结果等政府信息公开制度。行政许可法颁布后，各地纷纷创立“政务超市”，按“民有所呼，我有所应，民有所需，我有所为”的宗旨，将政府的政策规定、办事程序、办事时限等均在此公之于众，让群众充分享受了“知情权”“知政权”，为政府转变职能，实现“文明行政”“阳光行政”构筑了一个有效的载体。公民只要凭自己的身份证和其他有效证件，就可以到档案馆或者行政审批服务中心免费阅览党政机关过去和现行的“红头文件”。此政务的公开获得了百姓的欢迎。

随着社会主义民主政治的发展和信息技术的不断进步，政务公开在形式上有了新的拓展。特别是电子政务、政府新闻发言人制度，拓宽了政务公开形式，提高了政务公开的有效性。

1999 年 1 月 22 日，由中国电信和原国家经贸委信息中心联合 48 家部、办、局信息主管部门在北京共同举办“政府上网工程启动大会”，揭开了中国政府上网工程的序幕。自此以后，上至中央国家机关和国务院有关部门，下至乡镇政府都纷纷建立了政务信息网、政府门户网、部门局域网等政府网络工程。目前在 NC 下以 OGV 注册的域名已达到了 19058 个，占整个域名总数的 3.2%。很多政府网站都设立了政府公报或政府公文栏目，在网上公开政府文件。政府网站为政府信息公开构建了一个高效快捷的平台，政府可以借助于网络这一新的形式将其所拥有的信息向社会公布，人们也可以在网络中更加快捷地获取自己所需要的各种信息。有些地方还在搞好政府上网工程的基础之上，大力推行电子政务，积极打造电子政府。

2004 年以来，新闻发言人制度在中央各部门和省级政府普遍建立起来。2004 年 6 月，中国国务院新闻办公室人事局局长汪兴明表示，中国设立的新闻发言人制度将有三个层次的构架：国务院新闻办公室、中央各部委、省级人民政府的新闻发言人。2004 年 12 月，中国国务院新闻办公室首次对外公布了国家机关现有全部新闻发言人的名单和通信联络方式。这份名单涵盖了外交部、国家发展和改革委员会与公安部等 62 个已经建立起新闻发布制度的国务院部门，共有 75 位发言人榜上有名。对于国家安全部、国防部等少数目前尚未确定新闻发言人的国务院部门，国务院新闻办也将积极推动尽快确定并公之于众。除中央国家机关外，还有北京、天津、上海、浙江、湖北、山东、云南、西藏、宁夏等20个省市区设立了省级政府新闻发言人。

推出政府新闻发言人是推进政务公开的一种新举措，以便更好地架起政府、媒体、民众的沟通桥梁。新闻发言人主要发布政府重要决定、重大决策部署、重要法规规章和规范性文件的有关内容；经济社会发展趋势；政府重点工作进展情况；涉及全局的重大问题、重要活动和社会关注的热点问题及重大突发性事件等。遇有重大、突发性事件等特殊情况，可随时举行。新闻发言人以其互动性的鲜明特点，形成对政府信息公开传统方式的突破。

二、我国政府信息公开的立法探索

我国目前尚无专门的政府信息公开法，行政机关应公开其信息、资料散见于各个单行法律法规中。据笔者在中国普法网“中国法律法规信息系统”的检索中发现，共有53件法律、400件行政法规规定了公开制度。如《立法法》规定，“行政法规由总理签署国务院令公布”，“及时在国务院公报和在全国范围内发行的报纸上刊登”等；《行政复议法》《行政处罚法》《行政许可法》规定了公开原则；公安部、国家税务总局、工商行政管理总局等部门制定了政务公开专门规定。

第二章　政府信息公开的理论基础

第一节　人民主权

一、人民主权理论

人民主权又称一切权力属于人民。“它集中表达了国家权力来源于人民、控制于人民并服务于人民的政治理念。全新地界定了人民与国家的基本关系，确立了人民在政治现代化国家中的地位。”历史地看，作为君主主权的对立物，人民主权是近代启蒙思想家们顺应市民阶级反对专制而求取民主的时代夙愿，是在“扬弃”主权特别是君主主权论中的宗教或王权的时代因素的同时，基于天赋人权和社会契约的逻辑假设而推导出来的民主政治理念。当博丹的君主主权论引起不列颠的理论回响——霍布斯的绝对君主论诞生之际，政治家密尔顿在近代史上明确首肯“人民主权”的政治理念。他认为，所有的国王都是人民根据一定的条件托付给他权力的，一旦国王不遵守这些条件，权力就必须交还给人民。“一切权力的源泉一向是人民的。”

这无疑作出了国王权力来自人民的委托、人民才是权力的最终所有者的革命性断语。而率先对人民主权问题进行理论阐释的是直接参加英国民主革命的宪政家洛克。根据洛克的宪政传统思想，他指出“虽然只能有一个最高权力即立法权，其余一切权力都是而且必须处于从属地位，但是，立法权既然只是为了某种目的而行使的一种受委托的权利，当人民发现立法行为同他们的委托初衷相冲突时人民自然享有最高的权力来罢免或更换立法机关”。如果掌权的人由于滥用职权而丧失权力时，这种权力就应重归于社会，人民就有资格行使最高的权利。不难看出，洛克在此尽管没有使用“人民主权”术语，但他强调国家最高权力最终属于人民而非议会，更不是传统的君主，确实已经彰显了人民主权的精神实质。当然，人们所共知，就人民主权作明确而系统解析的人是卢梭。他以自然权利学说和社会契约为依托，革命性地改造了主权概念，创立了与各种形式的专制主权论有原则区别的人民主权论。他认为，主权是一种体现公意的普遍性的强制力量。“社会契约赋予了政治共同体以超乎其各个成员的绝对权力。”正是这种权力，在受到公意指导时，就获得了主权这个名称。所谓公意就是全体人民在订立社会契约时表达的共同意志，因而公意支配之下的主权自然归于人民。同时，政府的成立是主权者公意表达运用的产物，如果政府侵犯了民权，那么人民废除旧约而订立新约、改组政府就是正当的。尔后的实践表明，卢梭的人民主权说完全否决了数世纪以来的教会主权、君主主权理论的合理性，揭露了形形色色专治制度的荒谬性，为革命人民争取民主、构造当家做主的宪政国家提供了不竭的思想源泉。以此为据，自法国《人权宣言》宣誓“主权的本源根本上存在于国民之中”以来，人民主权在各国民主国家的宪法中已得到普遍认同。

我国是人民民主专政的社会主义国家，人民主权原则也是我国宪法的一项基本原则。《宪法》第 2 条第 1 款规定：“中华人民共和国的一切权力属于人民。”政府信息公开体现了一切权力属于人民的宪法原则。

从权力的来源看，人民是国家最高权力的来源，而政府的权力都是人民授予的，各机关所享有的一切权力来自人民的权利和宪法的授权。因此，行使权力的目的只能是更好地维护人民的权利，增进人民的福利。正是由于有了民意的代表机构制定的宪法的授权，权力才具有了正当性和合法性的基础。现代各个国家为了行使权力的合理，将行政权配置给政府机关行使，人民必须有一定的途径了解政府各机关是否适当、完整地执行了授权的目的。因此，行政机关必须公开政府信息，接受授权者的监督。从权力的内容看，现代国家行政机关林林总总，国家行政事务纷繁复杂，行政权力涉及国家的社会、经济、文化和组织管理，不同机关的行政职权内容相异，包括保障国家安全、维护社会秩序、发展社会经济和社会生活方方面面。权力内容的广泛性决定了对其监督的重要性。监督就要求行政机关透明化，公布其掌控的信息。从人性的弱点和权力的“恶”性看，权力的掌控者难以摆脱追求私利最大化这一人性的弱点，有着不断膨胀的个人私益要求。权力自身具有扩张性和腐蚀性的“恶”性。正如1787年美国宪法主要起草人汉密尔顿认为，一个国家的统治者和被统治者都不是天使而是人，否则，“如果人是天使，就不需要任何政府了；如果是天使统治人，就不需要对政府有任何外来的或内在的控制了”。这种倾向很有可能造成对社会和公民权利的侵害。因此，行政权力必须受到人民的监控，而实现有效监控的前提是人民对行政机关所掌控的信息有充分的了解。

二、人民主权理论与政府信息公开

人民主权原则要求行政机关负有向社会公开公共信息的义务，人民有权利获得政府信息。潘恩说：“一切管理国家的权力必定有个开端。它不是授予的就是篡取的，此外别无来源。一切授予的权力都是委托，一切篡取的权力都是篡夺。”行政机关所享有的一切行政权力，均直接源于人民的权力和宪法的授权；基于此，行政机关行使一切行政权力的目的只能是为了更好地维护人民的权利，并全心全意为人民服务；也正是由于宪法的授权，才使行政机关行使行政权具有了合法的基础。但是“任何一个政府都想无拘无束，都想拥有广泛的裁量权。为防备这一点，有若干理由表明需要对政府加以限制。最明显的是存在的这样的危险，即政府可能把权力用于排他主义的目的，会仅仅为了增进某些个人的利益而侵犯另外一些个人的权利”。另一方面，行政机关由于行使的是国家社会、经济、文化的组织管理职能，包括保障国家安全、维护社会秩序、发展社会经济和福利等，其职能的行使通常是主动的、经常的和不间断的；公民、法人及其他组织与行政机关之间的联系和接触最为经常、最为直接和最为广泛（一个人从出生到死亡都可能要与行政机关打交道）。但行政权实施的程序远不如立法权、司法权行使的程序严格、规范，从而，行政权最容易导致滥用和腐败，也最容易造成对公民权利的侵犯。而且在现代社会里，行政权相对于立法权和司法权，有膨胀和扩张的趋势，行政机关拥有越来越多的准立法权、准司法权及广泛的自由裁量权。在这种情况下，如果不对行政机关的权力加以制约和限制，那么，行政机关就极有可能侵犯公民的权利，从而削弱人民主权的宪法基础，从这种意义上说，要求行政机关负有向社会公开公共信息的义务，既是对行政权的制约和限制，也是人民主权原则本身的要求。

行政机关行使宪法授予的权力需要行政机关公开公共信息。行政机关为了维护公共利益、国家安全和社会秩序的稳定，有效实施行政管理，必须享有广泛的行政权。如《宪法》第107条规定："县级以上地方各级人民政府依照法律规定的权限，管理本行政区域内的经济、教育、科学、文化、卫生、体育事业、城乡建设事业和财政、民政、公安、民族事务、司法行政、监察、计划生育等行政工作，发布决定和命令，任免、培训、考核和奖惩行政工作人员。"行政机关依法行使行政职权，实施行政管理所作出的大量的行政行为，无疑都与社会的公共利益、公众的自身权益休戚相关。那么，作为国家权力的主人——人民——就有权要求行政机关在作出行政行为的前后，公开相关的公共信息。

行政机关公开信息是当代民主宪政的要求。"宪政应当包含三个基本要素，即民主、法治和人权。民主是宪政的基础，法治是它的重要条件，人权保障是宪政的目的。"而"人权保障需要三项基础，其一是经济繁荣，其二是政治民主，其三是法制完善"；"自由是市场经济和民主政治发展的前提，参与是人权的根基，救济是人权的最后保障"；"没有自由、参与、救济机制，人权就只能是政府的恩施"。而要保障公民自由、参与、救济机制的有效运行，必须要求行政机关公开公共信息。

另外，从我国宪法条文的规定，也可以论证人民主权与政府公开政府信息的关系。政府信息公开是人民主权国家的体现。《宪法》第2条庄严宣告:"中华人民共和国的一切权力属于人民。人民行使国家权力的机关是全国人民代表大会和地方各级人民代表大会。人民依照法律规定，通过各种途径和形式，管理国家事务，管理经济和文化事业，管理社会事务，宪法还明确规定了"全国人民代表大会和地方各级人民代表大会都由民主选举产生，对人民负责，受人民监督"。国家各级行政机关是实行人民当家做主的重要组成部分，但如何保证行政机关及其工作人员按照人民的意志行事，准确、适当地行使国家行政权力，使人民主权思想付诸宪政实践呢？这就需要让作为权利主体的人民群众了解行政活动过程及其结果，政府必须公开自己的意见，公开自己的行为，公开办事结果。

总之，人民主权原则要求政府在行政权力和公民权利的关系问题上，要树立起正确的观念，摆正政府的位置。不应再以中国传统历史文化中的"牧民"思想或"法藏官府，威严莫测""民可使由之，不可使知之"的传统观念来指导行政行为，而应以为人民服务作为政府一切行为的根本出发点，将公开作为政府的一项应尽义务。

第二节 社会契约

一、契约理论

契约是两人以上相互间在法律上具有约束力的协议。契约法所关心的是实现所约定的义务。通常，契约责任是以自由同意为基础的（契约自由原则）。双方合意签订具有法律效力的契约的法律行为称为契约行为。契约是人类在相互交往中产生的，是商品经济的必然产物，而契约精神是商品经济发展到一定程度所形成的一系列原则和规范所凝聚而成的精神。其中，意思自治与契约自由原则、平等原则、权利原则等成为其核心内涵。契约精神从经济交往中产生、发展，然后逐渐渗透到社会、政治、文化领域，成为人类文明的一道蔚为壮观的风景，影响并塑造着我们的时代。从契约的定义及其历史中，我们可以发现，契约蕴涵着深刻的文化，它既是一种规则，也是一种道德，更是一种精神。契约精神是孕育于契约关系的原则和精神，它是从契约关系中派生出来的。契约精神具有丰富的内涵，从政治视野看，它主要由自由精神、平等精神、权利至上精神等要素构成。首先是自由精神。契约是建立在相互意见一致的合意基础之上的，每个人只对自己的行为负责。契约是当事人不受干预和胁迫、自由选择的结果。其次，契约隐含平等的精神。契约主体的地位是平等的，宗教、信仰、民族、身份、地位、权力、财产等，均不能成为在契约关系和契约过程中否定当事人地位平等的借口和托词；契约当事人双方或多方权利义务对等。再次，契约权利至上精神。交易各方订立契约都是为了取得利益，这是他们订约、履约的出发点和归宿。契约内容包含权利和义务两个方面，是权利义务的统一体。契约被认为是契约当事人持有的权利证书。契约精神的三个要素是相互关联、相互影响的。

二、社会契约理论与政府信息公开

正是由于契约精神具有以上这些特点，所以，它才有可能作为一种新的模式被用来构建国家和社会的关系。古典社会契约论开创了把契约精神从经济领域运用到社会与国家领域的先河。早在古希腊时期，伊壁鸠鲁就提出了社会契约思想，十七、十八世纪，西欧的古典自然法学者和启蒙思想家们如格劳秀斯、霍布斯、斯宾诺莎、洛克、卢梭、狄德罗等人，发展了这一学说并广泛宣传。近代启蒙思想家霍布斯、洛克、卢梭等把经济领域的契约精神运用到社会领域并提出了自然法和社会契约思想，倡导以人类理性取代神性，以天赋人权代替君权神授，主张政府是人们互相缔结契约的产物。霍布斯、洛克、卢梭等人在讨论国家的起源问题时，都设想了一个没有政治、没有国家的"自然状态"。人们为了摆脱自然状态下的种种不便，便缔结契约，出让部分自然权利交给政府，委托政府行使管理社会的权力，从而产生了国家。

不论依据哪种契约理论，"社会契约"的基本思路是：政府并不是从来就有的，而是通过一组契约产生的。人和社会先于政府而存在，政府是人类理性有目的与有意识的后天产物。既然政府权力是由人产生的，它的行使就必须符合某种社会目的，必须满足人和社会的现实需要。掌握国家权力的人民不可能人人直接管理国家，于是，委派或选出自己的代表去处理国家公共事务。人民委托政府行使权力，他们之间便形成"委托——代理"关系，政府只不过是人民利益和事务的代理人。这样，在人民与政府之间就产生了类似经济活动中的委托代理关系。其中，人民是授权人、委托人或权利人，政府则是受托人、代理人或义务人。人民选出自己的代表进行国家的管理活动，通过代议制政府，是社会契约的必然结果。管理者应该忠诚地履行其义务，人民享有知情和监督的权利。国家是人民自由协议的产物，如果自由被强力所剥夺，那么，自由的人民可以通过革命的方式用强力夺回自己的自由。可见，公民的知情权是多么重要，如果人民不能获得应该获得的信息，那么，就无法监督管理者，管理者就具有利用封闭信息剥夺人民自由的可能性。解决的办法之一就是人民用强力获得该获得的信息，在这种情况下，社会秩序的稳定就不存在了。既然如此，则人民理应保留监督权，用人民手中的权力制约权力，而政府则应以权力保护权利，所以，政府权力行使方式的公开是十分必要的，以满足人民的知情权，并通过政府信息公开制度实现人民的知情权。

第三节　知情权

目前，我国学术界一般把公民知情权（简称知情权）作为政府信息公开最重要的理论基础之一。知情权在我国尚是一个法理概念，并非宪法上的概念，这是因为我国目前的宪法尚没有对知情权明文规定。为了全面了解知情权的含义及知情权与政府信息公开之间的关系，有必要对知情权作一个全面系统地介绍和分析。

一、知情权的概念

何为知情权？广义上的知情权即了解权，即在特定的法律关系中，一方主体从另一方主体依法了解与自身利益相关信息的权利和自由，它具体体现为信息主张权和信息接收权。在具体的法律关系中，知情权包括主体、客体和内容三要素：主体即权利主体和义务主体，为一切个人和社会组织；客体即信息载体，是与权利主体利益相关的一切有形无形、有声无声的信息载体；内容即信息，它是与权利主体利益有着直接或间接关系的一切真实而完整的信息。按照义务主体和内容的不同，知情权可分为知政权、社会知情权和个人信息知情权。

（一）知政权

知政权，即狭义上的知情权，是指公民享有的从行使公共权力的国家机关或其他组织那里了解、获取、知悉政府信息的自由和权利。知政权更多的具有公权性质，即民主参政，监督国家机关及其官员的权利的性质。知政权又可分为行政知情权、立法知情权和司法知情权，其中，行政知情权是当代各国法律确认和规制的重点，一般通过政府信息公开法予以规定。本文中所讲知情权，特指行政知情权。

（二）社会知情权

社会知情权是指公民依法有权知道其所感兴趣的各种社会现象和事务（可概括地称为社会新闻），包括对涉及公众人物的各种信息和社会新闻事件的知悉。所谓公众人物，是指广为人知的社会成员，是具有广泛社会影响力或社会知名度的人物，如学者、劳动模范等。

（三）个人信息知情权

个人信息知情权是指公民依法享有的了解有关自己各方面信息的权利。个人信息包括公民的出生时间、地点、亲生（指自然血亲）父母和其他具有血缘关系的亲属。家庭遗传病史、本人既往病史、本人的生理和病理资料，以及各种涉及本人的档案记录。

二、知情权的法律渊源

知情权从何而来？知情权有何宪法基础？“知情权”这一概念，最早是由美国最高法院大法官詹姆斯·威尔逊（James Wilson）在1791年第一届国会上提出来的。针对“国会议事录”应否向国民公开的问题，他指出：“人民有权知道他们的代表正在做什么、已经做了什么。”后来，这一概念逐渐得以推广和应用。从世界范围看，知情权的法律渊源有以下几种形式：

（一）以宪法和法律的形式确认知情权

公民的知情权得到法律确认，最早开始于北欧的瑞典，该国于1776年制定了具有宪法效力的新闻自由法（Freedom of Press Act）。限于当时的历史条件，这一法律制度并没有在世界上引起很大反响。大规模的知情权运动和知情权法律制度的确立，是20世纪后半期才开始的。1949年《德意志联邦共和国基本法》5条第1项关于“言论自由”规定：“每个人都有以语言、文字和图画自由表达和传播其意见的权利，并有权从一般地允许取得信息的来源不受阻碍地进行了解，出版自由和通过广播和电影进行报道的自由受到保障，不受检查。”知情权以根本法的形式得到确认。此后，芬兰于 1951 年制定了《公文书公开法》；丹麦于 1970 年 6 月制定了《行政文书公开法》；挪威于 1970 年 6 月制定《政府信息公开法》；美国于 1946 年、1966 年、1974 年、1976 年、1996 年先后制定了《联邦程序法》《信息自由法》《隐私权法》《阳光下的政府法》《电子信息自由法》；法国于 1978 年 7 月制定了《行政文书公开法》；英国于 1985 年制定了《地方自治法》，并建立了地方公共团体信息公开制度；澳大利亚于 1982 年 12 月制定了《联邦情报自由法》；加拿大于 1982 年制定了《资讯取得法》和《私人秘密法》。20 世纪 90 年代以来，世界范围内的知情权运动呈现迅猛发展态势，知情权法律制度冲破地域限制、文化传统界限和经济发展水平界限，在世界许多国家和地区得到建立和推广。欧洲的法国、意大利、荷兰、匈牙利、俄罗斯、保加利亚等国，亚洲的日本、韩国、菲律宾、泰国等国和中国的香港与台湾，以及非洲、拉丁美洲的部分国家都相继建立了以保障公民知情权为目的的政府信息公开立法。

（二）诸多国际条约将知情权列入个人的基本人权

第一次系统地在国际范围内提出人权具体内容和奋斗目标的《世界人权宣言》确认，人人有权享有通过任何媒介寻求、接受和传递消息和思想的自由。此后，《囚犯待遇最低限度标准规则》（1955 年）、《公民权利和政治权利国际公约》（1966 年）、《德黑兰宣言》（1968 年）、《关于新闻工具有助于加强和平与国际了解、促进人权、反对种族隔离及战争煽动的基本原则宣言》（1978 年）等一系列国际人权法文件又从不同角度重申、强调了有关知情权的要求和主张。

（三）知情权内在地包含于人民主权的宪法原则之中

建立在人民主权原则基础上的宪政国家，都在宪法中明确规定了公民的参政权、议政权和督政权。具体而言，这些权利又包括选举权、建议权、陈述权、申请保护权，以及批评权、申诉权、控告权和检举权等。伴随民主宪政的发展，各国宪法中的人民主权原则，公民以选举权为基础的参政权、议政权和督政权等政治权利，还有思想、言论、新闻、出版、通讯自由等各项都被解释为包含了知情权在内。

三、我国知情权的宪法基础

在我国首次出现“知情权”概念的法律文件，应该是 2002 年 10 月 14 日由广州市政府颁布的《广州市政府信息公开规定》。该政府规章第 1 条规定，其首要立法宗旨是“为了保障个人和组织的知情权”。我国宪法性文件虽然没有直接规定知情权问题，但并不意味着我国的知情权缺乏宪法基础，更不意味着上述法律文件有违宪之嫌，原因在于：

（1）我国宪法确立的人民主权原则实际上内含了知情权的宪法存在。如 1982 年《宪法》第 1 条规定了人民民主专政的社会主义国家性质，第 2 条规定了“中华人民共和国的一切权力属于人民”和人民代表大会的政权组织形式，这两条明确确认了“人民主权”的宪法基本原则。而人民主权就意味着主权在民，由人民来行使管理国家和社会公共事务的权力；人民有效行使国家权力的基本前提，便是通过各种合法途径和形式，全面而真实地掌握有关国家和社会信息，即实现知情权。所以，《宪法》第 2 条第 3 款又规定：“人民依照法律规定，通过各种途径和形式，管理国家事务，管理经济和文化事业，管理社会事务。”

（2）我国宪法通过规定公民广泛的公民权利和国家机关的法定职责的形式，间接承认了知情权总的宪法实体内容。现行宪法第二章确认了公民的广泛权利和自由，尤其是第 35 条规定了言论、出版、集会、结社、游行和示威的六大政治自由，第 37 条规定了人身自由，第 40 条规定了通信自由，第 41 条第 1 款对国家机关及其工作人员的批评、建议、申诉、控告和检举等监督权及第 47 条规定了科教文化活动自由，这为公民行使知情权提供了全方位的宪法依据。第 3 条第 2 款和第 3 款、第 27 条第 2 款、第 41 条第 2 款规定了各级人大和各级行政、司法机关接受人民监督的义务，还有第 125 条规定人民法院公开审判的原则等，则从国家机关的角度为公民知情权的落实设置了具体的实体正义保障。

（3）我国的立法法、代表法、选举法、系列组织法等宪法性法律概括性地确认了知情权的实现程序。这主要是通过规定人大会议公开、立法草案公开、已生效法律公开，公民和各类社会组织对立法提出询问和建议；选民和原选举单位对人大代表的推选、建议、批评、罢免和人大代表对立法、行政和司法工作的质询、调查、视察、列席会议、罢免、批评、建议，各级国家机关有答复、调查、移交、处理等法定义务和职责等，为知情权顺利实现提供了程序正义保证。当然，我国知情权问题的宪政建设还存在不少问题，其中最主要的是宪法未能直接确认知情权为公民的基本权利。

四、知情权与政府信息公开

知情权与政府信息公开是一个问题的两个方面，是对立统一关系。作为宪法权利的知情权是政府信息公开的宪法依据，而政府信息公开制度则是实现公民知情权的主要制度安排，没有政府信息公开就谈不上知情权。知情权作为一项宪法权利，在权利纵向划分的层面上来说是最高层次的，也是抽象的权利。这种抽象的权利如同其他宪法权利一样要用尽可能简洁概括性的语言在宪法中宣示，而对这种权利如何实现，一旦这些权利被侵犯如何救济等要通过具体的部门法律的确立和完善来实现。知情权作为公民享有的从行政主体了解、获取、知悉政府信息的自由和权利，其实现的主要途径是政府信息公开。政府信息公开是知情权相对应的概念，是相对于知情权的义务主体的义务而言的。将政府信息公开作为拥有信息资源优势的行政主体的法定义务予以规制和操作，对处于弱势地位的公民等社会成员知情权的实现具有至关重要的意义。政府信息公开在法律上是知情权义务主体的一项义务和职责，同时也是其权利实现的体现。政府信息公开往往与保密权相关联，因为政府信息公开的内容大多涉及个人隐私、商业秘密和国家秘密等相关信息的内容，这些又往往具有巨大的新闻价值和符合公众的猎奇兴趣，甚至事关某些个人和组织的重大利害关系。因此，政府信息公开能满足知情权主体的特定需要，但它也应有极其严格的法律规制，知情权的实现必须符合宪法、法律和社会公共利益。因此，不少国家在制定政府信息公开法的同时，也有关于个人隐私和国家秘密等相关立法，如美国 1966 年制定的《信息自由法》、1974 年制定的《隐私权法》、1976 年制定的《阳光下的政府法》，加拿大在 1982 年同时制定了《信息公开法》和《私人秘密法》，以图解决保密权与知情权之间在法律实践中的矛盾。

“公民有必要的政治信息或对公共事务方面的信息能够有充分的了解，这就需要有正常化的获取信息的渠道与方式，这也要求政治过程尽可能向公民开放，增加政治活动的公开性与透明度，并使这种政务活动公开化与透明化成为一定的规范化的制度。”但是，逻辑上的关联性并不代表事实上的紧密性。大量忽视行政知情权的信息公开的规定都是站在国家与政府的立场而非公民的立场设计出来的，这些规定一般只是在形式上比较简略地表明政府需要进行信息公开，并附带提出不进行信息公开的责任。至于谁来追究责任、谁来承担责任、承担何种责任、怎样承担责任等关键性问题却往往语焉不详，甚至干脆不予涉及。这往往使公众认为信息公开是政府的恩赐而非应尽的义务，行政知情的权利意识极为模糊和淡漠，加之缺乏有效的维权手段，法定的信息公开根本无法实现。无数历史经验告诉我们，对权利最关注、最珍视的往往是权利的拥有者而非对应的义务方。虽说通过信息公开才能实现行政知情权，但是信息公开的规定应当、也必须以维护行政知情权作为核心来进行建构。脱离了行政知情权的信息公开注定了只能最终沦为信息不公开。在我国进行相关立法的过程中必须对此引以为戒。

第四节　正当程序原则

一、正当程序原则

所谓正当程序原则，是指行政机关作出影响行政相对人权益的行政行为，必须遵循正当法律程序，包括事先告知相对人、向相对人说明行为的根据、理由，听取相对人的陈述、申辩，事后为相对人提供相应的救济途径等。正当程序原则起源于英国古老的自然正义原则，该原则已存在了3个世纪，它包含两条基本规则：第一，一个人不能在自己的案件中作法官；第二，人们的抗辩必须公正地听取。自然正义原则起初只是适用法院司法审判的一项原则，但是经过长期演变，它逐步成为行政法中的基本原则。在美国，行政机关作出行政决定所依据的程序，大部分来自法律的规定，但是宪法上的正当程序条款，对行政程序的约束更为重要。不仅法院在解释法律中模糊的程序规定时，需要考虑宪法上正当程序的要求，国会在法律中规定行政程序时，也要以此为依据。美国宪法上的正当程序原则源于1791年的第5修正案，该修正案规定："不经正当法律程序，不得被剥夺生命、自由和财产。"1868年，美国又通过第14修正案，将该正当程序原则适用各如政府机关。

西方学者普遍认为程序是法的内在生命，如果说实体法是权利义务的设立（立法）、分配（行政）与调整（司法），那么，程序法就是权利义务设立、分配与调整所必须遵循的基本规则，是实体法实现的基本保障。不仅如此，程序法还具有独立的价值，即程序法可以先于实体法而存在，可以补充实体法的不足，也可以纠正实体法的偏颇。照此推论，一个国家可以没有行政法，但不能没有行政程序法或行政诉讼法。一个国家没有实体法制但却有好的程序法制，仍然可以把整个社会调整好，并实现理想的社会目标。正如美国法学家伯纳德·施瓦茨所言：“行政法更多的是关于程序和补救的法，而不是实体法。”在肯定程序法价值的同时，法学家和政治学家还提出了程序公正问题。他们认为，绝非任何程序法制都能够保障人权和社会发展，因此，必须将人文精神和民主精神贯注于程序法，实现程序公正。那么，正当程序的标准是什么，怎样衡量程序公正呢？我国学者在吸收借鉴外国思想家学说的基础上，进行了开拓性地研究。孙笑侠教授认为，正当程序应当具有六大要义，即程序的民主性、程序的控权性、程序的平等性、程序的公开性、程序的科学性和程序的文明性。肖建国教授认为，正当程序具有五个原则，即法官中立原则、当事人平等原则、程序参与原则、程序公开原则和程序维持原则。陈桂明教授认为正当程序具有六大要素，即程序规则的科学性、法官的中立性、当事人双方的平等性、诉讼程序的透明性、制约与监督性。

二、正当程序与政府信息公开

公开是正当程序不可或缺的重要的构成要素，这是对上述正当程序的研究得出的结论。从西方国家行政程序立法中也可以看出，政府信息的公开是正当程序的重要内容。例如，奥地利《普通行政程序法》第 17 条规定，卷宗内容之全部或一部分，为当事人主张或者防御其法律上利益所必要者，除行政法规另有规定外，官署应准许当事人阅览并抄录之。德国《行政程序法》第 29 条规定，官署应准许当事人阅览有关程序之卷宗，但以此项阅览对其法律上利益之主张或者维护有必要者为限。意大利《行政程序与公文查阅法》第 22 条规定，为保证行政行为的透明性和公正性，任何人有权依照本法规定的程序查阅行政文件以保护本人的法律权益。法律承认此项公文查阅权。葡萄牙《行政程序法典》第 61 条规定，如私人有所要求，有权取得由行政当局提供与其直接利害关系的程序进行情况的资料，并有权获知对该程序作出的确定性决定。西班牙《行政程序法》第

62条规定，行政案件中的利害关系人有权在任何时候通过有关办公室得到适当信息，了解审理状况正如英国那句古老的法律格言：“正义不但要被伸张，而且必须眼见着被伸张。”这就是说，“没有公开则无所谓正义”，公开的主旨在于让民众亲眼见到正义的实现过程。因此，政府信息是否公开就被视为判断行政程序是否符合正义的基本标准和要求。政府信息公开就是行政主体在行使行政权力的过程中，应当依法将行政权力行的依据、过程和结果等信息向行政相对人和社会公众公开，以使其知悉并有效参与和监督行政权力的运行。通过行政相对人和社会公众的参与和监督，大量幕后交易或者暗箱操作将被阻止，从而降低腐败发生率，确保程序公正。

第五节　言论自由和新闻自由

一、言论自由

在人权理论中，言论自由属于第一代人权的重要组成部分。（广义）言论自由或称（狭义）“表达自由”，意指把所见所闻所思以某种方式或形式表现于外的自由。这是言论自由的核心内涵。若把这个核心展开，它还包括搜集、获取、了解各种事实和意见的自由及传播某种事实和意见的自由。在此界定之下，“主体”延及所有公民，“言论”也被作了扩张性地解释，不仅指传统意义上以声音和文字体现的语言，也包括许多形式的象征性语言，如形体动作、图像、绘画、雕像、音乐等。言论自由涵盖一般国家的宪法中言论自由、出版自由、集会游行示威自由、科学研究和文艺创作的自由、批评国家机关及其工作人员的权利和提出建议的权利等条款。其他一些条款与言论自由有交叠重合的部分，是一种法律竞合问题。言论自由，既包括有关言论、出版、集会游行示威等自由，也包括其他自由中涉及言论的自由的部分。“近代以来世界各国一直将言论自由规定为公民的基本权利，写进宪法。”虽然，选择何种表述取决于各国的传统与习惯，但是通常各国政府都会作出有利于公众的、涵盖尽可能广泛的理解。这是因为，（广义的）言论自由与（狭义的）表达自由是实现民主、宪政不可或缺的重要的公民权利。人们通常把言论自由称为“第一权利”“人类最重要的、潜力巨大的、活动的资源”。言论自由既是目的又是手段，言论自由不仅是政府不可剥夺的公众的基本权利，同时也是实现其他基本权利的手段。自由地交流、接受合法的观点、思想和信息对个人的自我发展和自我实现有重要意义。在信息社会中，信息的权威性和准确性是交流思想价值的根本所在。行政机关在国家中的地位决定行政机关的信息是权威的信息，无论是学术研究还是商业宣传，都要以政府信息为基础。因此，从言论自由对自我发展和自我实现的意义来看，行政机关应当承担积极义务，向公众提供政府信息，为个人和组织的自我发展与自我实现提供保障，言论自由对于民主社会的有效运作是必不可少的，但是如果没有信息获得权利，它也就成为无源之水，无法体现其核心价值和作用。根据以上分析可以说，获取政府信息是言论自由的内在要求。

二、新闻自由

新闻自由是通过广播、电视、国际互联网等新闻传播工具所实现的一种民主权利。新闻自由理论，最初是以自由报业理论呈现在世人面前的。其理论起源于17世纪的英国和18世纪的美国。新闻记者的采访权，是新闻自由的一种体现。“新闻节目的发布，是信息公开的一种方式，它的目的在于满足公民的知情权的需要。”在西方民主社会里，大众传播能够成为民主的工具，在民主体制中发挥有效的作用，是以对新闻自由的法律保障为基础的。所谓新闻自由，是一种消极的防范措施，用以保障新闻媒介免受政府控制的独立性。西方人认为，新闻自由对于民主制度是必不可少的。一位西方学者指出：“不管民主的定义是什么，没有新闻自由，民主本身就无法存在。”

在西方各国的信息公开制度诞生之前，新闻自由理念的追求者与实践者实际上已将促使政府信息公开的目标纳入自己的视野之中。虽然，西方研究新闻自由的学者和践行新闻自由的传媒人士对新闻自由存在着诸多歧见，但对新闻自由中包含的政府信息公开的内核都持原则性肯定意见。在密尔顿、杰弗逊、马克思等经典作家笔下，政府事务成为新闻自由的“关键词”。可以说，在西方信息公开制度出台前，新闻自由的言说与实践一直充当着信息公开的急先锋。“新闻舆论具有广泛性和公开性的特点，它通过公开揭发错误，将一切丑陋和病态让人们公开评论，最大限度地使丑恶的东西暴露无遗，通过这种社会监督方式能够促进行政机关公开行政。”

随着新闻媒体在现代社会中的重要作用日益突出，对新闻媒体新的认识和定位开始出现。1974 年 11 月，美国联邦最高法院大法官斯特瓦特在讲演中，根据新闻媒体在现代社会中的重要作用，从法学角度提出了“第四权力理论”，把新闻媒体看作是立法、行政、司法三种权力之外的第四种权力，通过其独立有效的制度性功能来监督政府、防止政府滥用权力。新闻要能够被及时地、广泛地向公众传播，新闻媒体要能够充分地发挥其积极功用，新闻机构和公众就必须充分享有对政府机关的知情权，政府机关不得封锁信息，不得保密，不得侵害新闻媒体和公众的知情权与新闻自由。知情权是实现新闻自由的基本前提，反过来充分的新闻自由会激发公众进一步的知情欲望，从而有助于更多公众知情权的实现。政府在面对新闻媒体时总是自觉、不自觉地报喜不报忧，并对那些于自身不利的消息加以保密。对此，科恩一再地告诫政府：“人民必须获得真实全面的信息。不应限制他们只能听到当权者愿意他们听到的消息，或按当权者认为恰当的方式或时间去听取。”这种忠实性与全面性就要求新闻界具有勇气和力量，而这些特点需要多年时间来培养，慢慢地成为个别媒体的传统与骄傲。能够体现这些特性的大型报纸、刊物与电台，寥若晨星，民主国家必须珍视并加以保护，不要为了粉饰政策或政权的贤良公正而采取短视与危险的控制新闻的措施。

第三章　政府信息公开的价值目标

第一节　民主价值

民主是一种国家制度，其关注的核心问题是权力的来源、归属及运作方式。在民主理论与实践中，有两种民主制度类型格外引人注目，这就是直接民主制和间接民主制。通常认为，直接民主制就是指统治者和被统治者的身份重合，也就是说，公民作为国家的主人直接管理自己的事务，而不通过中介和代表管理这些事务。间接民主制则是指由公民自己来选举自己认为满意的代表，由这些代表负责制定法律和管理公共事务，间接民主又常被称为代议制民主。近代倡导直接民主制的最著名的学者莫过于卢梭。在《社会契约论》里面，卢梭把人民直接参与公共事务视为追求真正自由的前提，但他也同时认为，这样的民主制度只能在小国寡民中才有条件实现。事实上，古希腊与罗马城邦的民主实践也说明了这一点。近代以来，由于民族国家的兴起、疆域的扩大、商业的发展、社会分工日益繁复专门化，这些因素使得小国寡民的社会形态不复存在。同时，“政治在人们的生活中的地位下降了。人们必须从事生产与交换，人们愈来愈从私人生活中获得个人价值的实现，人们在政治事务中的影响由于疆域的扩大而相对缩小”。因此，时至今日，世界上已经没有一个国家在体制上实行直接民主，即使瑞典也不例外。在当代世界，凡是被公认实现了民主的国家都是实行间接民主制的国家。实行间接民主制的风险在于权力的所有者和权力的现实行使者存在着相对的分离，因此，必须对权力的行使设置有效的监控机制。达尔认为民主存在以下五项标准：“第一为有效的参与；第二为投票的平等；第三为充分的知情；第四为对议程的最终控制；第五为成年人的公民资格。”民主不仅仅是一种口号、一种价值理念，而且是一系列制度的组合体。民主包括以下一系列的制度：第一是选举制度，这是民主的核心制度，每个成年公民都享有普遍的选举权和被选举权，每个政府官员都由公民直接或间接选举产生；第二是表达自由，对广泛的政治事务，无论是政治体制还是经济秩序，公民都享有自由表达其意见的自由，而不必担心会受到政府的惩罚；第三是信息公开制度；第四是公共领域的存在。民主的实现，需要公众知政权的充分实现，没有关于政府活动的信息在政府与人们之间的自由流通，公民民主的实现势必受到影响。显而易见，如果公众对候选人的背景与候选人的观点不了解，就难以作出理性的选择，就不能选出最适合政府工作的官员。正如前文所述，知政权和表达自由都是公民实现民主的重要手段，知政权除了其自身就对民主具有重要意义外，它还是表达自由的前提。一个公民如果不能享有充分的信息，就不能形成独立的思想，而失去了思想表达本身的自我价值也就无法实现，表达自由自然就成为一句空话，成为无源之水、无本之木。没有足够的权威信息来源，人们往往无法辨别哪些出于偏见的思想，在这样的条件下，由于公众自身能力的限制，再加上进入现代社会以后，信息越来越多，公众无法作出理性的决定，甚至可能作出错误的决定，影响决策的正确率。科恩指出："一个社会如果希望民主成功，必须负责提供并发行普遍参与管理所需要的信息。"知政权不但有利于民主的实现，而且能够提高民主实现的效率。波斯纳指出："如果我们对人类行为模式进行一般性概括，就会发现成本收益的比较分析是任何人进行理性决策时必须遵循的思维方式。"政府信息不公开的直接后果，就是导致公众获得相关信息的成本加大甚至获得这些信息本身即成为不可能，如此一来，公众往往出于自身利益的考虑，不去收集行使民主权利所必需的信息，最终造成公众参与民主的热情下降。另外，知政权的确立和实现也有利于提高立法及法律实施的效率，保证民主制度的有效运转。在立法上，保障公民的知政权，充分吸取民意，让公众参与立法，立法就会有的放矢，社会资源配置的效率就能够提高。在法的实施上，公众对法律的充分了解有利于法律的实施，降低法律运行的成本。

第二节　秩序价值

一般说来，秩序（order）是指在自然进程和社会进程中存在着的某种一致性、连续性和确定性。按照英国社会学家科恩（P.S.Cohen）的说法，秩序的主要意义和规定性在于：第一，“秩序”与社会生活中存在一定的限制、禁止、控制有关；第二，它表明在社会生活中存在着一种相互性，即每个人的行为不是偶然的和杂乱的，而是相互回答或补充他人的行为的；第三，它在生活中捕捉预言的因素和重复的因素；人们只有在他们知道彼此期待的情况下，才能在社会中进行活动；第四，它能够表示社会生活各个组成部分的某种一致性和不矛盾性；第五，它表示社会生活中的某种稳定性，即在某种程度上长期保持它的形式。“如同在自然界中一样，秩序在人类生活中也起着极为重要的作用。人类社会生活中的秩序涵盖阶级统治秩序、权力运行秩序、生活秩序和生产交换秩序等。秩序在一定意义上是各种社会关系的有序形式。我们知道，社会关系的发生与存续主要是和人们有意识的行为紧密联系在一起的人的行为，从结构上分析包括内在的意识、意志因素和外在的行动、手段和结果因素。人的意识主要是指人对行为的意义、内容、性质、方式和后果的认识，意志则是意识的外化和强化。意志对人活动的动机、目的形成及人的行为的发生和持续起到决定性的作用。这样看来，人们对信息的知晓与把握对人的行动无疑具有前提性的意义，而人的行动是社会秩序的主要构成要素，综合起来说，人对与其行动有关的信息的获知将会最终影响到社会秩序的稳定。

秩序的形成和维护要求人们在社会活动中行动时要遵循一定的规则，这些规则在现代社会中大部分表现为法律法规。保障知政权的实现，充分公布法律法规，使人们充分了解自己所处的境况，进而有计划地安排自己的行动。对自己行为的结果，不但本人有预见，社会上其他人也对其行为结果有预见，从而有利于稳定的社会秩序的形成。公众知政权的充分实现，使公众能够及时、准确地知悉政务信息，有利于稳定公众的情绪，从而达到社会的稳定。如果政府能公开真实信息，就可以将社会损失减小到最低，甚至消除危机于萌发之前；反之，政府如果不能及时、准确地公布一些与公众生活息息相关的重要信息，就会造成谣言的众生，扰乱民心，甚至可能造成巨大的社会灾难或民族危机，从而影响社会的稳定。

现以谣言的产生为切入点，分析知政权对秩序的价值。谣言，作为人们的一种舆论形式，具有普遍性，谣言传播的大部分是不实之事，无论对个人还是对社会都会造成严重的危害。大部分人将谣言传播的内容定为不实之事，因为许多谣言在最后都被证明是虚假的，但是也有许多谣言最终被事实证明是真实的。1951 年，美国学者彼德逊对谣言作了定义，他认为：“谣言是一种人们之间私下流传的，对公众感兴趣的事物、事件或问题的未经证实的阐述或论释。”他将谣言的传播内容限定为那些未经证实之事，可以说，这揭示了谣言的本质，但认为谣言仅是人们在私下传播是不充分的，因为谣言有时也会通过新闻媒体进行传播。清华大学胡锤教授在这个定义的基础上进一步提出：“谣言是一种以公开或非公开渠道传播的对公众感兴趣的事物、事件或问题的未经证实的阐述或论释。”他认为谣言不仅可以在人际口耳相传，也可以通过大众传媒来传播。我们认为，这个定义是比较科学、全面的。谣言的产生具有一定的规律性，1947 年，波茨曼给出了一个决定谣言的公式：R=IXA，其中 R= 谣言（Rumor），I= 重要度（Important），A= 模糊度（Ambiguity）。重要度指谣言的传播内容为公众所关注之事，一种为与公众生活密切相关的信息，如某地的自然灾害情况的信息等。另一种为重要程度较高的信息，如法律法规或政府官员的信息等。模糊度指谣言的传播内容为未经证实之事，政府没有及时地公布事实的真相，或是政府公布的事实的真相不能让公众信服，这两类行为造成了模糊度的产生。政府作为权威部门没有对公众密切关注的事件作出权威的解释和说明，其结果是，谣言大量出现。公众接受了大量的谣言之后，即使政府公布事实的真相，该公布真相的行为所能起的维护社会稳定的作用也会大大降低。社会心理学认为人们在接受信息时会产生首因效应。首因效应是指人们比较重视最先得到的信息，并且根据最先得到的信息作出判断。“鲁钦斯的实验证明了首因效应的存在。”其相关实验的结果表明，人们最先得到的信息在其作出判断和安排自己的生活计划时将产生重要影响，第一时间信息能量最大，而且影响最大。缺乏权威的对真实情况的说明，谣言得以迅速蔓延，势必扰乱社会秩序，以致引发社会动荡。如果政府能够真实、准确地公布信息，一方面有利于防止谣言的产生，另一方面也有利于已经产生的谣言的破灭。最大的恐惧就是对恐惧的恐惧。信息不明，人们因此手足无措，才会有恐慌。谣言止于公开，政府越及时公开相关信息，公众心中越有安全感，恐惧感也就越不容易产生，人们就会合理安排自己的生活，从而有利于社会的稳定。政府不公布事件的真实情况往往出于这样一个理由，即认为公布事件的真实情况会引起社会的骚乱，扰乱社会秩序，然而，实际情况却与此相反。

心理学中的“预防接种”理论认为，人只有对自己所处的现实社会有了较好的了解和认识，才能够更好地按照社会现实环境来调整自己的行为。这就好比人不可能生活在无菌的环境中，他的每一次疾病都会转变为抵御这种疾病的抗体，或者他可以为了预防疾病事先接种疫苗，以便更好地抵御疾病。人类社会也是如此，如果人们不能了解真实的社会情况，一旦有一天发现社会事实与自己认知的现实相反，他们就会在毫无精神和物质准备的前提下，手足无措，造成重大的心理创伤。相反，如果人们能对自己所处的社会环境的真实情况有充分的了解，就会增强对各种侵害的抵御能力。随着人类进入以互联网为特征的信息社会，信息已经成为人们的基本生存方式和交流手段。只有保持系统之间的信息自由流动，让人民充分行使其知情权和提高其判断能力，才能不断增强社会的组织能力和民众的心理承受能力，抵御各种风浪的冲击和考验。古今中外无数事例表明，在严重缺乏真实信息的情况下，哪怕是一则流言都有可能会造成社会的剧烈动荡。

在全球化的信息时代，信息传播比以往更加快速和丰富。政府是最集中、最权威的信息源，应该满足公众对危及自身生命安全知情权的需要，适度增加公众事件的透明度。如果政府部门不及时发布权威信息，就会产生信息传播的失真性、放大性，甚至是恶意的虚假信息，使社会心态发生意想不到的变化，反而阻碍了对危机的有效控制。推行政府信息公开，是提高人民的心理承受能力和维护社会稳定的重要措施。

现代政治学也证明，社会的自主能力和信息的公开程度是成正比的。在一个社会中，信息越公开，公众的自主能力和承受能力越高，社会的稳定性就越强。那些认为公布事件的真实情况会引起社会骚乱的心态，实际上反映了某些政府官员对公众自治能力毫无正当理由的怀疑和不信任。有的政府官员总是有意无意地以“家长”自居，而将公众视为需要自己保护的对象。“家长制”的一大特点:“家长”对自己的理性能力和道德水准估计得太高，对普通成人的理性能力和道德自制力估计得太低。以政治权力为依托的“家长”掌握着是非曲直和一切重大事务的绝对判断权，并声称对所有子民的福祉负责。认为政府能够掌握绝对真理，“家长”的理性是万能的，这是在夸大政府的作用，我们的智慧恰恰始于人对自我的无知或有限的意识。最高的智慧是能够意识到自己的无知或知之甚少。威胁着人类自由的几乎永不枯竭的那个思想源泉在于人类理性的自负。由于这种自负，政府总是存在假定自身为全知全能的观察者和裁判者的倾向，在所有实行市场经济的国家（更不用说奉行计划经济的国家了）里，都存在着政治家们试图“设计人类的未来”或重构社会的危险。这是一条终究会扼杀个人自由和通向奴役的道路。这是伟大的自由思想家哈耶克对我们的忠告。对自己所处的境况，对自己行为的安排，自己最清楚。只要你公布了事件的真实情况，我就有能力妥善地安排自己的生活。密尔就坚决反对“家长主义”，他认为一个人是其自我利益的最佳判断者。一个人一旦进入成年，就成为自己身体与良心的主人，有全权并有能力决定自己的行为。作为一个开明的适应现代社会发展的政府，应该承认公众的判断能力和自治能力，尊重公众对于自我生活的主动性作用。

第三节　平等价值

何谓平等？亚里士多德认为，平等就是相类似的事物受到相类似的对待；与此同时，不相同的事物根据它们的不同而予以不同的对待。这意味着从某一标准看来是相同的人应当给予同样的对待。萨托利认为："平等表达了相同性概念……两个或更多的人或客体，只要在某些或所有方面出于同样的、相同的或相似的状态，那就可以说他们是平等的。"至于其中的相同性，我们认为它是指人们相互间在获取利益方面的相同性。利益是一个极具包容性的概念或者说利益的含义非常丰富。利益有经济利益、政治利益和文化利益之分，也有物质利益和精神利益之分，还有长远利益和眼前利益之分，等等。利益来源于人们的需要，而且特别指那些对具有稀缺性的资源的需要，或者那种极易被侵害的需要。平等与利益的获得之间存在两个方面的关系：一方面，平等是利益的获得手段；另一方面，平等也是利益获得之结果，如机会平等和结果平等。平等的情形因其所反映的利益性质的不同而不同，可以分为政治平等、经济平等和文化平等。在法律意义上，一方面平等意味着凡是为法律视为相同的人，都应当以法律所确定的同样方式来对待，这是形式意义上的平等。"对于法律面前的平等来说，其重要之处在于，平等为近代民主政治的理念并不是实质上的，而是形式上的。"但法律上的平等并不意味着实质上的平等，法律上规定的形式平等也可能会导致实质上的不平等。实质平等则指公众能获得同等的条件和待遇。所谓"实质的平等原理，主要指的是为了在一定程度上纠正由于保障形式上的平等所招致的不平等，依据人的不同属性采取分别不同的方式，对作为人的人格发展所必需的前提条件进行实质意义的平等保障"，公众享有抽象的平等的权利，但他们之间在实现该权利的手段和能力方面存在巨大差异，加之一定社会条件的影响，法律规定的形式平等并不能确保实质平等的最终实现。“人们很久以来就认识到比较富有的人在法律上的优势。在各个国家,法律的普遍精神是有利于强者而不利于弱者。法律帮助那些拥有财产的人而反对没有财产的人。”另一方面，法律通过形式的设定解决人们利益之间的冲突，纠正利益运行中的偏差以力求实现结果上的平等。

从这个意义上讲，法律权利就是国家对利益进行调整的阶段性成果，它是一种资源的制度化分配与校正机制。“资源是自由的主要源泉，它们不是唯一的但肯定是主要的源泉，一般而言，我们的资源越多我们就越自由。如果我们有才干，那么我们就有更多资源；而如果我们有残疾，那么我们的资源就少些。”通过权利的分配，法律制度对于那些在资源占有方面处于劣势的群体予以救济，赋予其获取资源的平等的权利。知政权的存在有利于促进实质平等的实现。知政权不仅体现了一种价值理念，而且也包含着一种权利机制，它有助于实现平等。在此，我们对知政权对实现平等的意义略加阐释。知政权是政治领域权利平等实现的基础，公众享有平等的政治权利，但是，权利的宣告并不能保证平等的实质实现，权利平等的实现还需要依靠资源的平等分配。在现代社会，政务信息越发成为一种比物质和能源更为重要的资源，该信息对权利行使的影响日渐明显。公众欲平等地实现选举权、监督权等政治权利，就需要掌握相关的政治信息，如被选举人的情况、政府执行公务的相关信息等。但由于人们接触信息的广度、频度及理解能力和应用能力有差异，因此，公众接触的信息量是不相同的，这可能会导致新的阶层分化，进而导致政治上的不平等。将知政权规定为一项普遍的权利，政府积极主动地公开有关信息，公众有权要求政府公开其应当知道的信息，这可以使普通公众充分知悉政府掌握的信息的内容，有利于防止出现新的社会分化，从而实现政治权利上的完全平等。

第四节　反腐价值

无论是政治哲学还是法哲学都面临着这样一个难题，即如何认识权利和权力之间的关系。一方面，权力是权利实现的有力保障，在合理行使的权力的维护下公民的权利能够得以更加安全的实现，而且在权利受到侵害时得到一定的救济。另一方面，权力的不当行使对于权利也具有侵害性，虽然说权力来源于权利，可是权力与权利的相对分离却是近代社会的常态。正如孟德斯鸠总结的“万古不易的经验”所示：“一切有权力的人都容易滥用权力。”权利与权力的这种相对分离可能引起政治失控，也就是说，政治权力的运行不是按照权力所有者的整体意志，而是受制于权力行使者的意志和情绪，以致出现“权力权利化”的异化现象，权力的运行最终走向设置它的初衷的反面。这样的例子在历史上和现实中并不少见。特别是20世纪出现了行政权力扩大的趋势，国家权力的中心从议会转移到政府。如何控制行政权力的滥用，防止腐败成为世界各国关注的问题。信息公开使政府处于公众的监督之下，对防止腐败有不可替代的作用。北欧国家政府廉洁不能说与政府信息公开没有关系。近年来，防止腐败成为有些国家建立政府信息公开制度的目的之一。

“用法律来规范和限制政治权威”，可以说是人类经过数世纪的理论论争和政治、法律斗争而得出的结论，这也是近代以来西方资本主义国家建构宪政和推行法治的核心导向。限制权力滥用的途径大致有三条：一是设定权利，为权力的运行设置保障目标和运行边界；二是设置权力运行的范围和程序；三是设置权利和权力及权力和权力之间的互动监控机制。我们探讨知政权的防腐价值就是要说明知政权对于监督和控制权力运行的意义所在。监督、控制权力首先要知晓必要的相关信息。从一般情况上分析，政府总存在保守其所掌握的信息的倾向，不愿意及时、准确地公布各种信息。政府信息保密有其自身的原因，首先，信息保密可以使得政府不会因自己的失误而被追究责任，如果政府已经公布了与某项政策的形成、执行相关的信息，而政府执行该政策时并没有达到预期的效果，这时，公众就会对政府的执政能力产生怀疑，进而追究政府的相关责任。如果政府保守相关信息，公众就无法了解事实的真相，当政策的执行效果好时，人们就会赞誉政府的执政能力；当政策的执行效果不好时，由于公众不了解事实的真相，公众也不能对政府进行密切监督，从而使政府的管理变得更加方便，不会因政策的失误而被追究责任。其次，信息保密可以给某些利益集团更多的影响和控制机会。政治需要金钱的支持，而政治又能带来金钱，某些利益集团为了自己的某些特殊利益而支持政治竞选。政府保守秘密一方面阻碍了公众对政府执政情况的了解，另一方面也使得政府和官员有了为其支持者的利益而制定政策的机会，“暗箱操作”导致腐败现象的产生，最终损害社会公共利益。最后，一般的观念通常认为，政府的主要职能是管理社会生活，其手中的权力来自民众的委托，也就是说，政府并不是其手中行使的权力的真正所有者，他只是权力所有者——人民的代理人，所以，政府的所有行为都应该以实现和满足民众的利益为根本目的，不能谋求政府自身的不当利益甚至为此而滥用权力。然而，这种理论上的构想并不总能在政府的实际运作中实现。

公共选择理论认为，从个体上讲，人都具有寻求个人利益最大化的经济理性，一个人社会角色的改变并不能从根本上抑制其寻求个人利益最大化的倾向。对于从事政府工作的人来讲，这种倾向依然存在。政府官员及政府机关在行使权力管理社会公共事务的同时，也往往借机寻求在这一过程中实现自身的个人利益和部门利益，对后者的追求往往造成使公共权力服务公共利益这一原初目的受到损害。政府掌握的信息实际上也是一种资源，在一定条件下，这些资源能够转化为现实利益。对于许多掌握在政府部门手中的信息，公众往往无法通过合法的途径获得，这种现象的存在，在相当程度上是因为政府及其官员经常视那些信息为其攫取部门利益和个人私利的手段，公众对于上述信息的缺乏，和其他人为制造的资源稀缺一样，势必导致寻租现象的产生。信息成为某些政府部门和一些官员谋取个人利益的筹码。一些部门和个人滥用信息权力，通过信息封锁和信息垄断，获取租金，致使腐败现象大量产生。知政权的存在，能够使政府的权利运行处在公众的监督之下，有利于提高政府工作的透明度，防止政府保守秘密的消极后果，防止政府权力的滥用，抑制腐败现象的频繁出现，因为“阳光是最好的防腐剂”。

政府部门收集加工所得的政府信息，从其收集加工的权力来看，来自于民众。因此，政府对信息的公开是其对民众的义务，只有政府的行为是透明的，才能真正实现民主政治。阳光政府最基本的内涵就是：政府的行为应当公正透明，民众对政府信息拥有知情权。就公开本身来说就是民主政治的需要，政府信息公开可以加强对政府的监督，使国家权力不易被滥用而保持其公正和廉洁。所谓政府先行就是要求行政主体适应社会信息化的发展需要，充分利用现有的信息技术手段和资源，增强、提高政府信息的公开性、透明度，打破信息垄断和信息封闭，使阳光下的政府成为可能。

政府信息公开，使得权利的运行过程暴露于人民群众的视线当中，人民群众对于权利的行使原因、过程环节、结果等一目了然，打破了以往权力运行的隐蔽性，在权力运行方式透明化的条件下，使权利行使人员在试图以权谋私、搞权钱交易时不得不考虑人民群众和社会舆论的监督，以及将要面临的巨大风险，从而放弃搞以权谋私、权钱交易。政府信息公开，人民群众可以对政府行政人员提供更有力的监督，丰富政府机关权力的制衡机制，在传统的上级行政权力对下级行政权力的监督之外，发展个人权利对行政权力的监督和司法权力对行政权力的监督，形成权力制衡的科学体系。政府信息公开，倡导透明行政的政风，鼓励政府官员自觉接受民众监督，大力制裁暗箱操作下的营私舞弊行为，使公开行政从“他律性”的制度规定渐渐内化为“自律性”的行为准则，使相关组织和人员在主观上树立起廉洁奉公的意识，达到从根本上反腐。

“阳光是最好的防腐剂，路灯是最好的警察”，一个法治的国家应该加大有关政府信息的公开程度，只有这样才会促进政治的廉洁，也只有这样才能使每个人的权利都得到可靠的保障。表面看来，政府信息分享似乎弱化了国家的控制权，但它作为一种监督机制，实际上提高了国家的控制力，政府信息公开是人民群众监督行政机关的活动，是预防和治理腐败的重要举措。

第四章　政府信息公开的基础和原则

第一节　政府信息公开的现实需要和现实基础

一、政府信息公开是我国社会的现实需要

政府信息公开作为一种行政制度与行政法一样，不是自古就有的社会现象，也不是在任何历史条件下都能够生存和发展的事物。政府信息公开的产生和发展需要适宜的社会环境和生存土壤。在奴隶制、封建制和法西斯制度下政府信息公开根本不可能或只能在形式上存在，因为在此条件下，还谈不上民主和法制。即使在计划经济体制下，行政法都处于被冷落、被遗忘的境地，其作用基本上为政策和行政命令所取代，就更不能有真正意义上的政府信息公开。我国宪法明确规定：中华人民共和国的一切权力属于人民，一切国家机关由人民产生、对人民负责、受人民监督。这是现代民主国家的显著特点，但是这也意味现代民主国家的政府行政必须是民主行政和法制行政，在这个过程中，政府信息公开制度起着十分重要的作用。而我国政府信息公开制度的现状却堪忧，主要表现在以下几个方面：

第一，人们的观念淡薄。我国的信息公开目前还限于公法和公共行政学者在理念层面上的宣传介绍，殊少有可行的制度设计。在中华人民共和国成立后，信息公开在很长时间内也没有引起政府的重视。甚至，在今天国务院各部委的许多规章和规范性文件上，还印着“本文件传达到某某级”的字样；许多并没有什么保密价值的文件卷宗上，还印着“机密”乃至“绝密”的字样。同样，公众也没有要求政府信息公开的法律意识，政府将许多应该公开的信息锁在了抽屉里。

第二，行政管理主体不明确。由于我国的社会组织体制仍在变动之中，特别是行政机关之外行使公共管理职能的主体到底有哪些，其管理方式如何，到目前为止，尚无定论。我们应当认识到，由于这些行使公共管理职

能主体的权力来源具有多元性，既有依法律、法规和规章的授权，也有依政府的委托，还有依成员之间的契约（章程），它们之间可能存在交叉、重合，甚至冲突，由此产生的规则和责任可能是极为复杂的。现有行政法律、法规对行政主体的规范，都是从国家行政角度予以设定的，而长期以来我国行政法学的研究视野，也集中在行政机关和个别法律、法规授权组织上。一旦行政程序法将行政主体扩展到公共行政主体，现有行政法原则、规则乃至概念，在多大程度上能适用于这些组织？现有规范和理论如行政与法如何与之协调？这一点既缺少司法个案的启示，也缺乏学术上的深入研究。例如，依章程取得公共管理职能的主体，哪些行为属于行政法调整范畴，对哪些行为可以提起行政诉讼，需要作细致地梳理。

第三，保密带来的严重后果。政府不愿意向公众公开信息，存在着多种激励动因。政府信息可以分为负面信息和正面信息两类。负面信息是关于政府失败或失误的信息，如政府行为的失误、管理不善和浪费等，政府害怕这些信息公布之后影响自身的形象。“一般的政府总是试图将那些负面信息控制在系统内部，因为信息的披露也意味着权力从政府向获得信息的公众的转移。行政官员依据自己的偏好取舍发布信息，这也恰恰是公共行政的内部信息发布系统很少能够让老百姓感到称心如意的原因所在。”政府官员保守信息秘密的原因，还在于保密给予了特殊利益集团施加更多影响力和控制力的机会。在某些社会里，这表现为赤裸裸的腐败与贿赂。但即使是在反对腐败和贿赂的社会里，政治家依然需要竞选资金以追求当选和连任。那些提供给政治家资金的利益集团更多时候并不是基于他们宣称的增进公共利益的目的，更主要的是因为他们认为支持他们的一方当选后，他们有可能多多少少地影响政策的走向，提高自己的收益和利润率。应该说，信息保密培育了滋养特殊利益集团的肥沃土壤；增加了管理租金，加大了交易成本；使民主过程中的公众参与大打折扣；使得媒体舆论无法形成对政府滥用职权的监督制衡机制。同时，信息保密还有更大的危害：

为了保密，政府常常把决策人员限制在一个小圈子范围内，那些本来可以提供深刻洞见的人被排除在讨论范围之外，这样的决策质量也就因此而差强人意；而这又形成了一个恶性循环，随着政府决策失误的增多，政府官员怕承担责任，转而寻求自我保护，信息就更不敢公开，决策圈子变得更小，决策质量也就每况愈下。

信息保密还有另一个负面作用，那就是不当地转移了公众的视线和精力。由于诸多重要信息为政府所保密，公众无从知晓更无从发表意见。因此，信息保密不仅使得许多重要的公共政策没有接受公众的充分讨论和评论，还使得公众舆论往往把注意力集中在那些并不重要的细枝末节上。信息保密的最为消极的经济后果是因过度保密导致腐败的滋生。世界银行1997年的《全球发展报告》中指出了腐败对投资和经济增长的诸多不良影响。应该看到，官员总是有着保密的强烈欲望，我们要想克服信息保密带来的诸多政治的和经济的消极影响，那么，在公共行政的制度设计中，就必须牢记以下精髓：我们的信息公开范围绝不能被政府官员的主观意愿所局限，而是要超出这个范围，将其尽可能地拓宽。

政府信息公开缺席建立的滞后，给我国政治、经济带来了许多不良后果。政府信息公开信息制度的建立势在必行，这既是国际形势发展的需要，也是我国加入世贸组织后必须要做到的，同时也是发展社会主义民主，推动经济建设的需要。随着我国民主政治制度的发展和市场经济体制的建立，我国已经具备了实施政府信息公开的现实条件。

二、实施政府信息公开的社会政治基础

信息公开是政府法制建设的重要内容，是依法行政所遵循的一项基本原则。从更高层次上讲，是与一个国家的民主政治建设密切相关的。一方面，政治的民主化、法治化是信息公开的基础；另一方面，政府信息公开是人民主权的具体体现。政府信息公开是人民群众参政议政、将行政机关

的行政行为置于人民群众监督之下的民主政治的基本要求。党和国家提出"依法治国""依法行政"，为我国实施政府信息公开奠定了坚实的政治基础，提供了政治上的保障。具体而言，政府信息公开制度的现实基础包括如下几个方面：

（1）私法向公法的渗透，"公法私法化"现象的出现。二者各以其独特的运作模式在自己的领域内发挥自己的功能，但是到了20世纪，随着时代的变化，资本主义进入垄断时期，以罗斯福推行的"新政"为标志的福利国家的出现，引起了人们诸多观念的转变，推动了小政府向大政府、消极政府向积极政府的转变，这种转变使各种行政机关应运而生，行政权日益渗入原本属于私人经营的领域，出现了公法私法化。正如美国学者约翰·亨利·梅利曼所言：国家通过采用私法的法律形式直接作为经济活动的主体，或者通过由国家控制的公司经营工商业，从而扩大了国家对经济生活的干预。这样，私法就不再需要依靠传统的行政机关作为中介，而是通过国营工商业的代表或者由国家控制的公司直接渗入公共活动之中。这种趋势被一些行政法学家总结为公法的"私法化"。

公法私法化的结果是公法与私法这种二元化的分类模式界限趋于模糊，私法的原则和精神不断为公法特别是行政法所吸收。作为私法核心原则和精神的意思自治原则和平等、自愿、协商等精神渗入行政法之中并被行政法所吸收后，经济民主就以行政民主的方式在行政法中表现出来，公民从行政权所支配的客体转变为行政法律关系意思自治的主体，在行政法中的地位得以提高。行政机关在行使行政职权时，不能不顾及行政相对人的态度，尤其是在作出影响相对人权益的行政决定时，不能不听取相对人的意见。同时，这也对行政公正、政府信息公开、行政效益提出了现实性的要求。于是，如何体现行政法中的意思自治原则，提高相对人的主体地位，让相对人参与行政活动之中以保证行政公正、政府信息公开、行政效益就成为行政法的新课题。

（2）权力的交融与合作，使行政权内容发生变化。到了20世纪特别是二战以后，随着社会生活的变化，公民的合理需求不断增多，要求政府在保障人权的基础上不断发展人权。为了达到此种目的，客观上要求注重行政公正和行政效益。因而，在分权制衡中又开始强调权力之间的相互配合，传统的三权分立理论逐渐被打破，立法、行政、司法三种国家权力出现了交融与合作的态势。权力的交融与合作在行政法中表现得尤为明显。行政权中出现了传统上被视为议会专属的立法权（如行政委任立法、授权立法）和法院专属的司法权（如行政复议、行政仲裁）。在权力的交融与合作中，行政权的内容和性质也发生了变化。行政权逐渐突破严格规则主义的束缚，其基本内容从羁束行政转变为裁量行政，自由裁量权构成了现代行政权的核心。所谓严格规则主义，是指通过行政实体法来规范行政职权，法律对行政机关可以做什么、不可以做什么都予以明确的规定，行政机关只有消极地“依法行政”的一种行政法模式。行政自由裁量权的出现，对于弥补法制之不足，解决法律的稳定性、滞后性与行政事务变化的疾速性、广泛性、复杂性之间的矛盾有着重要的意义。但由于行政自由裁量权在木质上是一种“自由权力”，极易被滥用而发生错位现象。所以，如何控制行政自由裁量权不被滥用又成了一个亟待解决的现实问题。“人们发现，在控制自由裁量权方面，行政实体法一旦授予行政机关自由裁量权之后，其本身是无法控制自由裁量权不被滥用的。因为，行政机关行使自由裁量权时，只要具备实体法律依据，它就被认为有了合法行政的前提和基础。所以，通过健全规范行政自由裁量权的法律程序，在行政自由裁量权行使始初和过程中控制其行为结果趋于合理性，可能是一种比较有效的法律控制方法。”于是，包括政府信息公开制度在内的行政程序制度，就成为控制行政自由裁量权的现实需要而为人们所关注。

（3）“代议制”民主理论发生危机，公民的参政意识增强、参政能力提高。在传统的民主理论中，公民通过代议制的途径参与国家的管理而成为国家权力的主人。这种民主运作方式在自由资本主义时代被视为是一种最好的民主政治而被广泛运用。因为，虽然公民是通过选举议会代表和国家元首来实现民主参与目的的，但这与毫无民主可言的封建专制时代相比，无疑是一大进步。20 世纪以后，普遍出现了议会大权旁落和行政权扩张的法律现象，国家权力结构发生了重大变化，国家权力重心由议会转向政府。在议会与政府的关系上，“现在是政府控制了议会，而不是议会控制政府”。国家权力结构的这种变化，对传统的代议制民主理论提出了挑战，使人们感到了传统的民主政治已发生了危机。这种“传统的公民参政权在 20 世纪之后新的社会法治化过程中已显露出无法弥补的缺陷。这种缺陷表现在公民监督行政机关行使权力的间接性，即公民只能通过自己在议会中的代表，在议会中行使对行政机关的监督，而且，这种监督基本上是事后监督，对有效防止行政机关滥用职权起不到理想的作用”。对于防止行政权滥用，保证公民的参与权而言，事先参与显然优于事后参与，预防性参与优于追惩性参与。所以，为了克服传统代议制民主理论的缺陷，进一步实现人民当家做主的宪法要求，人们便探索一种新的途径，力图越过议会直接参与政府行使行政权的过程中，以防止行政权的滥用。在此，克服传统的代议制民主理论的缺陷就为包括政府信息公开制度在内的新的参与机制的建立提出了现实需求。

三、实施政府信息公开的社会经济基础

（一）我国经济体制改革的要求

在不同的经济体制中，行政机关的运作方式是不同的。与计划经济相适应的行政机关的运作方式是“暗箱操作”，是以“管”为主的管理行政。行政管理相对人只有服从管理的义务，没有其他权利，更谈不上对行政权的监督。而市场经济是市场主体享有生产、经营、交换权利和自由贸易的

经济，市场经济的各类主体有较强的法律意识，特别是权利意识，不论在市场交易关系中，还是在行政管理关系中，凡是侵犯他们合法权益的行为都将受到他们的强烈抵制，即使这种侵犯来自行政机关也不例外。为了维护他们的合法权益，一方面他们积极参与行政管理活动，另一方面，当他们认为行政机关的行政行为侵犯了他们的权益时，能运用法律救济手段，通过行政复议、行政诉讼等途径维护自己的合法权益。

改革开放以来，我国逐步确定了发展社会主义市场经济的目标。市场经济要求经济活动遵循平等、自由、公正、效率原则。要实现上述原则，行政机关就必须改变内部运作方式，将行政机关制定的法规、规章及规范文件、行政机关的决定、命令、批示及工作程序等向行政管理相对人及社会公开，让人民群众参与了解，并受人民监督，建立公平竞争的社会环境，建立公正、廉洁，高效运作的人民政府。因此，我国社会主义市场经济的健康发展为政府信息公开的实施提供了经济条件。

（二）履行 WTO 透明度原则的要求

政府信息公开是履行 WTO 透明度原则的基本要求。透明度原则，亦称透明原则、阳光原则，是 WTO 的重要原则之一。根据 WTO 法律体系规则的要求，WTO 各成员方的法律和贸易政策应当具有透明度和可预见性，尽可能地明确和公开其贸易法规、政策、措施和程序等。WTO 各成员方有义务将自己的贸易政策及变动情况及时通知 WTO；WTO 各成员方有义务将已承诺的内容作为自己有约束性的义务，不经紧急情况和履行特别通知不得变动。WTO 透明度原则贯彻于《世界贸易组织协定》的 29 个独立法律文件中，具有重要的地位。它主要包括三个方面的内容：

第一，各成员应将有效实施有关管理对外贸易的各项法令、条例、行政决定、司法判决等迅速公布，以让其他成员方政府和贸易经营者熟悉；各成员方政府之间或政府机构之间签署的影响国际贸易政策的现行协定和条约也应公布；各成员方应在其境内统一、公正和合理地实施各项法令、条例、行政决定、司法判决等。这方面最为集中的规定体现在标题为“贸易条例的公布和实施”的关贸总协定第10条。该条第1款规定：缔约国有效实施的关于海外对产品的分类或评估，关于捐税或者其他费用的征收率，关于对进出口货物及其支付转账的规定、限制和禁止，以及关于影响进出口货物的销售、分配、运输、保险、存仓、检验、展览、加工、混合或者使用的法令、条例与一般暂用的司法判决及行政决定，都应迅速公布，以使各国政府及贸易商对其熟悉。一缔约国政府或者政府机构与另一缔约国政府或者政府机构之间缔结的影响国际贸易政策的现行规定，也必须公布。该条第2款规定：非经正式公布措施，不得实施。除此之外，《服务贸易总协定》规定，除非在紧急情况下，应迅速将涉及或影响本协定实施的所有有关适用的措施，最迟在其生效以前加以公布。《与贸易有关的知识产权协定》规定，涉及知识产权的效力、范围、取得、实施和保护，应由任何一方通过法律、法规、司法决定和行政决定予以公布。

第二，各成员方政府应为与贸易有关的法律制度的公开、透明提供必要的条件，如设立咨询点、履行通报义务等。例如，《服务贸易总协定》规定，每一个成员国应建立一个或多个咨询机构，以答复其他成员国的资料要求及有关询问。《技术性贸易壁垒协议》规定，各成员国应设立信息查询点，以回答来自其他成员方或成员境内的利害关系方的一切有关技术条例、技术标准及检验程序的合理查询并提供有关文件。《进口许可证程序协议》规定，当要求许可证用于实施数量限制以外的目的时，各成员国应向其他成员国和贸易商公布足够的信息，以使他们了解有关情况。这些信息包括所实施配额的数量或者价值总额、配额的终止日期及其他任何变化等。

第三，各成员应向世贸组织专设的贸易政策审议机构定期报告贸易政策及实践，以改善贸易政策事务决策的透明度。贸易政策审查机制最初设立于乌拉圭回合谈判期间的1989年，通过WTO最后文件（附件3）才最终确立其法律地位。根据各成员国在全球贸易中的不同地位，WTO分别确定了2年、4年和6年的审查期限。审查时，先由被审查的国家提交报告，然后由WTO秘书处准备审核报告。所有其他成员国都可以得到这两份报告及有关的会议记录等材料。通过定期审核成员国的贸易政策和实践，评价被审查国家政府透明度的发展状况，这一制度可以实现其加强和保障政府透明度的目的。可以说，这一制度是推进WTO成员国政府公开性的最为有力的制度保障。根据我国的入世议定书，在我国加入世贸组织的8年内，每年都要接受世贸组织成员国的审议，包括贸易政策透明度的审议。透明度原则保障了各成员经济政策与经济管理行动的稳定性和可预见性，为实现贸易自由化目标打下了坚实基础。长期以来，我国各级政府部门常常以“内部资料”为名拒绝向公众提供有关信息，这种做法与世贸组织透明度原则相冲突。透明度原则具体表现为各种政府信息及时、正确和完整地公开。具体地说，就是各种政府信息，除了确实需保密的以外，必须向公众公开，甚至在某些场合，政府信息的生成过程有必要接受公众监督，如允许市民旁听某些市政府会议等。在提高政府透明度方面，政府应当是政府信息公开的义务人，公开各种政府信息应当成为政府必须履行的义务。政府可以公开的信息很多，如世贸组织各缔约方制定的有关贸易规则（法规、条例、判决和措施等）；社会经济发展战略、发展计划、工作目标及其完成情况；财政预算及执行情况；重大基本建设项目及招标投标情况；政府向社会承诺为群众办实事的事项及完成情况；直接影响公民、法人或其他组织权益的行政执法情况等。按照西方一些国家的说法，就是要建立“阳光下的政府”，实现政府信息绝大多数领域的透明化。

从WTO透明度原则的有关规定可以看出，其目的为了提高各成员方经济政策与经济管理行为的可预见性和稳定性，防止和消除成员方政府的不公开行政管理造成的歧视待遇和由此给国际自由贸易带来的障碍，监督成员方政府执行WTO的规则和原则体系。因此，可以说，它对各成员方政府行政行为公开化提出了较高的要求。透明度原则转化为国内法，反映到国内法中就是政府信息公开。为适应我国加入 WTO 和经济全球化的趋势，必须增加行政权行使的透明度和公开性。国际社会衡量一个国家经济发展水平的重要标志是“经济自由度”，而“政府管理水平”则是“经济自由度”评价体系中的一个重要指标。如果行政权行使不公开，则意味着政府的支出、审批等行为不受制约和监督，也意味着行政权对市场干预程度高、力度大，那么，其经济自由度自然很低。这种对信息“秘而不宣”的做法不仅会延缓和降低社会财富运转的速度与效益，造成社会资源的巨大浪费，而且在信息不对称的情况下又会大大增加“权力寻租”的机会，加大经济发展的成本。

为了更好地说明这一点，我们了解一下透明度原则在以下几个重要世贸原则中的体现。

第一，关于非歧视性贸易原则。《关贸总协定 1994》第 1 条“最惠国待遇”，第 2 条“国民待遇”都要求政府提供信息的平等待遇。比如，最惠国待遇要求成员向另一成员的产业所提供的待遇不能低于其他成员所提供的待遇，所有成员一律平等并同等享受任何旨在减少贸易壁垒活动所带来的利益。这里的待遇和利益就包括获得信息的平等待遇。其他成员间如此，作为成员方的中国也应如此，否则封闭信息，不公开信息，就失去了国际交往的基础。

第二，关于市场准入原则。市场准入原则对有关信息的公开性的要求是非常明确的。世贸组织所要求的市场准入是有保障、可预见的和不断扩大的准入。这种有保障、可预见和不断扩大的准入要求信息的提供是全面、持续和有约束性的，市场的准入正是建立在这种基础之上，才会发达和达到预期的效果。比如，世贸成员通过降低关税提供市场准入的承诺及减少非关税壁垒的承诺都必须按减让时间表兑现，这是公开且具有约束性的信息。

第三，关于贸易自由化原则。贸易自由化是市场经济的必然要求，在世界范围内贯彻此原则，就要求世贸组织各成员方要制定自由贸易政策，允许货物、服务、生产性投入无限制的流通，减少政府不必要的规制。这种政策是透明且具有共性的，这是自由化贸易的前提，否则就不可能推行贸易自由化。贸易自由化要注意推行放松经济规则的运行，确保贸易的政策环境是宽松的和可预见的，这是贸易自由化的关键。

第四，关于促进公平竞争原则。公平竞争原则目的在于保护公开、公平、公正竞争的规则体系，而公开、公平、公正竞争的规则是公平竞争原则得以贯彻的必要条件。公平竞争原则是市场经济的根本性原则，在世界范围，它对确保交易的进行和经济的发展具有指导性的作用。世贸组织的很多协议均严格体现了该原则的精神内容。《原产地规则协议》要求原产地规则必须是公开的、透明的;《进口许可程度协议》要求成员国向贸易商发布充分的信息，使其了解发放许可证的根据；另外，关于海关估价协议对进口货物申报价值的准确性提出的资料信息要求，装船前检验协议对检验方政府迅速公布适用国内法律和规章提出的要求，等等。所有这一切，都是公平竞争的要求，做到公平竞争，从政府信息的角度而言，必须透明、公开。可见，WTO 透明度原则具有极其重要的地位，遵循这一原则要求我们建立政府信息公开制度，这是履行该原则的基本要求。

四、实施政府信息公开的社会群众基础

在传统的民主制度中，公众参与国家管理的主要方式是选举，通过选举议会的组成人员和选举国家元首来实现参政。但是，选举后如何监督、评价政府的工作是民主管理国家的更重要的内容。在现代社会中，社会政治、经济和文化的发展与公民个人的自我价值的实现关系日益密切。比如，现在的交通状况、空气质量、教育环境、食品卫生、社会保障等，与每一个人都息息相关。因此，如今，民众更加关注对社会的政治、经济和文化

产生影响的公权力，特别是行政权力的行使。从传统社会向工业社会的转变过程中，社会经济的发展必然导致公民政治参与要求的增加。在我国，随着改革开放的深入发展，“依法治国，建设社会主义法治国家”的这一宏伟目标的提出和实践，民主宪政思想已日益深入人心，公民的国家权力的主体意识不断增强，他们要求更多地、更直接地参与国家的各项管理活动，直接表达自己的意愿，以维护自己独立的法律人格。当行政行为涉及自己对物质利益与精神利益的追求时，他们的参政欲望尤其强烈。而公民生活水平的进步、身体素质的增强、文化修养的提高、法律素养的增进为他们直接参与行政过程提供了条件。所以，公民参政意识的增强和参政能力的提高，也为政府信息公开制度的建立提供了现实的可能。

公民有参与行政的渴望和要求，政府信息公开便有了社会基础。公众了解行政权力的行使状况，评价政府行政需要政府基本信息的支持；人民发表言论，提出对政府及其工作人员的建议和意见，影响政府的决策也需要政府信息公开制度的建立。

第二节 政府信息公开的基本原则

📖 一、政府信息公开的基本原则的特点、作用及内容

（一）政府信息公开的基本原则的特点和作用

在汉语中，原则是指“观察问题、处理问题的准绳”。在法律英语中，原则是指作为法律，它是一种基础性的真理或教义；一种综合性地为其他规则或其他教义提供基础或渊源的规则或教义；一种确定的行为规则、程序或法律判决。它是关于一门学科的理论部分。无论在汉语还是在英语中，原则都被视作其他规则的来源和依据，是一种根本规则，这是原则的核心意义。

法律的基本原则（fundamental principle）贯穿于全部法律之中，体现着法律的基本精神和法治的理念，是法律价值的宣示。与其他一般原则相比，基本原则调整的范围更广，“其本”意味着“根本的”和“重要的”，强调的是内容的根本性，以及效力的普遍性，对公民、法人及其他组织等一切主体的依法行动具有指导意义。

法律原则作为法律规范中的根本规则，它所揭示的内容都是法学中的一般理论或基本思想，一般由思想原则转化和演变而来，在一定的社会政治思想、价值观念或法律传统影响下形成。在大陆法系国家，“通常是以社会通念、公序良俗、信义诚实之原则等言辞表现，最终存在于社会生活的根本理念中以为补充法欠缺的工具”。在英美法系国家，“原则表达了详细的法律规则和具体的法律制度的基本目的，因为，人们把原则看作是使这些基本目的始终如一、紧密一致、深入人心，从而使其完全理性化的东西。因此，法律原则正是规则与价值的交汇点”。在我国学者看来，法的

基本原则体现着法的本质和根本价值，是整个法律活动的指导思想和出发点，构成法律体系中的灵魂，决定着法的统一性和稳定性。

政府信息公开法律制度也有其基本原则的规定。尽管，我国目前没有政府信息公开法，但是，我们可以从学理上先加以研究，以期对未来的政府信息公开的立法建设提供合理的依据。另外，了解一下已有政府信息公开法的国家的基本原则的规定情况，对政府信息公开法律制度的理性建设也会有积极的作用。我们知道，一部法律的条款往往比较具体，其内涵很难容纳相关的社会层面上的法律关系的所有内容，即便该法律所规范的仅仅是社会关系的某一领域，其法律条文所调整的对象、范围、方法等也是有限的。那么，当面对复杂的社会事务或者出现立法者难以考虑新情况、新问题，找不到相对应的法律条款时，如何运用法律解决呢？此时，该部法律的基本原则就是执法者或司法者所可运用的法律武器，按照法律的基本原则的精神处理法律条文所难以解决的问题，这是法治国家的普遍做法。当然，法律基本原则的作用不仅如此。一部法律的所有条款都不得与其基本原则的精神相违背，法律条款是法律基本原则的具体化。只有充分理解和掌握一部法律的基本原则，才能使该部法律的制定不违背法律的精神，也才能更好地理解和适用已经制定的法律条款。所以，一部法律的基本原则具有指导该部法律的制定及正确执行该部法律的作用。政府信息公开的基本原则就是指导政府信息公开法的制定、执行、遵守及解决政府信息公开争议所必须遵循的基本准则，它贯穿政府信息公开的立法、执法和监督救济的各个环节中。与其他行政部门法的基本原则相比，政府信息公开的基本原则的特点和作用体现在如下几个方面：

第一，政府信息公开的基本原则体现着对公民权利保护的观念，方便公民权利的实现。世界各国开始重视政府信息公开方面的立法，主要是20世纪中后期的事情。政府信息公开问题是伴随着社会的发展、人民权利意识的觉醒所出现的新情况、新问题。政府信息公开的法理基础是基于公民的知情权，从宪法意义上说，人民主权观念是其存在的基石。正因为如此，进行政府信息公开方面的立法就是为了保护公民的知情权利。这样，政府信息公开的基本原则就必然要体现和反映着对公民权利保护的观念，无论从信息公开的范围、信息的适用方面，还是针对政府信息公开的救济问题方面，都要反映这一指导思想。这方面的特点固然是公民权利内涵的丰富和公民权利意识觉醒的必然结果，同时，也确确实实地通过法律保护了公民的重要权利。

第二，政府信息公开的基本原则限制政府的权力，寻求利益的平衡。政府信息公开的基本原则体现着对政府权力的限制。对公民政治权利的侵犯，主要来自政府。既然政府信息公开的基本原则体现着对公民知情权的保护，那么，在法律的制定方面，一方面要注意保护权利的实现，另一方面就是要注意限制政府的权力，以便公民的权利不被侵犯。为体现这种立法价值取向，政府信息公开的基本原则自然要具有限制政府权力的内涵。对政府权力的限制，一方面可以通过法律规范直接规定权利的内容，另一方面可以通过规范权力的行使方式，使之受到限制。政府信息公开的特性决定了后者是可采取的主要做法，其基本原则也是这样反映的。对权利的保护和对权力的限制，都是政府信息公开法律制度所追求的，恰如其分地做到这一点，需要平衡二者的关系。政府信息公开的基本原则体现着对利益平衡的追求。公民行使权力的同时，不得损害国家的、社会的、集体的利益和其他公民的合法的自由和权利，合理地处理与其他权利和利益的冲突，这是十分重要的。政府行使权力既不能侵犯公民的权利，同时，又不能在保护这个公民权利的同时，由于权力的限制而侵犯了国家的、社会的、集体的或另一个公民的权益。如何恰当行使权力，平衡各方面的权益，做到既不侵犯公民的权利，又不侵犯国家的、社会的、集体的利益，这是立法者所必须考虑的问题。政府信息公开的基本原则也反映着这方面的立法价值取向。

第三，在现代社会，政府信息公开的基本原则体现着政府的服务宗旨。现代社会，随着政府服务观念的增强，政府的行为逐渐转化成为社会、为公民提供全面服务的功能上来，政府信息公开制度的建立就是这一服务功能的运用，相应的，基本原则自然也反映了现代服务观念的要求。从政府的角度而言，通过服务，合理地行使其权力，实现其设立的目的；从公民的角度而言，通过政府提供的服务，实现其应有的权利，满足其权利的要求。所以，在现代社会，仅仅把政府信息公开制度理解为对行政权力的控制，已经简单化了，实际上，通过对权力的控制，实现政府的服务宗旨，从而保障公民的基本权利，这才是现代行政法治的应有之意。政府信息公开的本质是政府提供信息服务，是政府的服务行政，政府信息公开的基本原则也正是体现着这一精神。

第四，政府信息公开的基本原则易于通过法律条款使之具体化。政府信息公开法律制度具有很强的可操作性，从其基本原则的角度考虑，这是因为政府信息公开的基本原则易于通过法律条款使之具体化。比如，政府信息公开的范围问题，公开什么，不公开什么，一目了然，非常具体。而这非常具体的内容，恰恰反映着政府信息公开基本原则的内涵。所以，原则和条款能够高度融合在一起。再比如，关于公开的规定，本身就是基本原则的内涵之一；关于救济问题，通过条文很容易具体化，这恰恰反映了救济原则的要求。实际上，正因为政府信息公开的基本原则易于通过法律条款具体化，所以，世界很多国家在其政府信息公开法中并没有明确指出基本原则是什么，只是在法律条款的字里行间贯穿着基本原则的内容，我们是可以通过法律条款归纳出其具体的基本原则的。

（二）政府信息公开的基本原则主要内容

《中华人民共和国政府信息公开条例》中明确指出，要保障公民、法人和其他组织依法获取政府信息，提高政府工作的透明度，促进依法行政，充分发挥政府信息对人民群众生产、生活和经济社会活动的服务作用。行政机关应遵循公正、公平、便民的原则，及时、准确地公开政府信息。行政机关应主动公开涉及公民、法人或其他组织切身利益的；需要社会公众广泛知晓或者参与的；反映本行政机关机构设置、职能、办事程序等情况的；以及其他依照法律、法规和国家有关规定应当主动公开的各类政府信息。同时，遵循“以公开为原则、不公开为例外”的原则，除行政机关主动公开的政府信息外，公民、法人或者其他组织还可以根据自身生产、生活、科研等特殊需要，向国务院部门、地方各级人民政府及县级以上地方人民政府部门申请获取相关政府信息。

《中华人民共和国政府信息公开条例》首次对我国政府信息公开的范围和主体、方式和程序、内容和时效、监督和保障等内容作出了全面、系统而具体的规定，这既是政府自身建设的一项重要法律制度，也是推进我国社会主义民主和法治建设的重要举措。

1. 确立信息公开主管部门及职责

《中华人民共和国政府信息公开条例》明确指定，各级人民政府应当加强政府信息公开工作的组织领导。国务院办公厅是全国政府信息公开工作的主管部门，负责推进、指导、协调、监督全国的政府信息公开工作。县级以上地方人民政府办公厅（室）或者县级以上地方人民政府确定的其他政府信息公开工作主管部门负责推进、指导、协调、监督本行政区域的政府信息公开工作。

2. 明确政府信息公开范围

政府信息公开范围主要是指政府的信息公开应当适当，应当公开的信息必须公开，应当保密的信息必须保密。要做到信息公开范围的适当，应注意解决两个方面的问题：

首先，要重点解决信息公开的全面性问题。当前，各地方的信息公开的内容尚不够完整，即应该让公民知晓的内容没有完全公开，很多地方和部门的信息公开多是大家知道的，或者是价值小、适用性不强的信息，而公众和企业关心的信息却很少。因此，各级人民政府应当深化推行政务公开的认识，加强调查研究，加大政府信息公开的力度。

其次，一定要注意解决公开与保密的矛盾问题，政府信息到底是否应当公开，必须要遵循现有法律法规的规定，属于国家秘密、商业秘密和个人隐私的信息，都不应当公开。在实际的政府信息公开工作中，必须平衡公开与个人隐私、商业秘密和国家秘密的保护之间的关系，注意提高政务信息公开规范性，避免较大的随意性。

3. 确保信息真实性

政务信息公开的内容要确保真实可信，不能弄虚作假，失信于民。

政府只有提供可信赖的信息，才可提高自身的公信力。这就要求行政机关必须突破行政分割的制约，实现信息资源的共享和利用，确保提供的信息真实可靠。政府各部门要根据自身的职能和服务特点，整合各具特色的公共信息资源库，并加强各重要业务系统之间协同互通、资源共享，使政府对外提供的信息与服务具有较强的一致性和实用性。同时，要促进政府信息上网，因为政府信息上网有利于信息传送的直接性，公众可直接和决策层进行对话交流，这样就避免了信息传送通过下面各个部门再到决策层的间接性所造成的信息失真的弊端。同样，政府信息上网有利于加强公众对信息真实性的监督。在网络化社会，公民可以通过网络直接访问政府网页，对地方政府公布的信息是否如实反映本地区、本部门的真实情况充分发表意见和想法。

4. 提高信息时效性

政务信息的公开必须具有时效性，发布过时的信息与不公开差别不大。

政府在提供信息时，面临来自其他以信息服务为主业的机构，如新闻单位的压力。如果政府机构提供的信息不及时，不具时效性，相比新闻媒体的报道落后一拍，政府的形象将会受到很大影响。特别是在某些重大事件上，关键时刻政府的失语就意味着失职，可能会造成经济损失和社会混乱。另外，在依申请公开的场合，政府应尽量在法定时间内向申请人提供信息，对于延长法定时间的规定只适用于极少数场合，并且延长时间不能没有限制，且有最长时间限定，如超过该最长时间限定，就可视为不予公开。

5. 拓宽信息公开方式

《中华人民共和国政府信息公开条例》中指出，行政机关应当将主动公开的政府信息，通过政府公报、政府门户网站、新闻发布会，以及报刊、广播、电视等便于公众知晓的方式公开。

随着我国政府门户网站的政务信息公开进一步走向深入，政府门户网站逐步发展成为公众了解政策信息和政府内部运作详情的主要渠道。按照“严格依法、全面真实、及时便民”的政务公开要求，及时公布法律法规、发布适宜公开的规范性文件和国民经济统计数据、重大工作部署等重要信息，及时更新政府负责人简介、机构职能等概况信息，不断提升信息发布的深度和广度。围绕政府重点工作和公众关注的经济社会发展中的热点问题，组织发布热点政务专题、政策法规解读等权威政府信息，引导公众理解、支持和配合政府工作。对重大突发公共事件，要主动、及时地发布权威政府信息，为事件的妥善处理营造良好的舆论环境。按照有关保密工作的规定，加强审查，确保信息内容和发布的程序合法合规。

6. 建立健全制度规范

《中华人民共和国政府信息公开条例》中指出，行政机关应当建立健全政府信息发布保密审查机制，明确审查的程序和责任。

根据《中华人民共和国政府信息公开条例》规定，除国家秘密、商业秘密、个人隐私以外的政府信息都要公布。《中华人民共和国政府信息公开条例》在强调政府信息公开的同时，也规定了信息公开审查机制，将国家保密法律法规的相关规定纳入其中。要求行政机关的公开政府信息前，应当依照《中华人民共和国保守国家秘密法》，以及其他法律、法规和国家有关规定对拟公开的政府信息进行审查，对不能确定是否可以公开的政府信息，应当依照法律、法规和国家有关规定报有关主管部门或同级保密工作部门确定。

7. 保障公众社会监督权利

政府信息公开是公众监督政府机关依法行使职权的需要，公民与政府之间的监督与被监督关系得以落实的基础在于政府的透明运作。

政务信息公开，要求将政务内容、权力运作过程等向公众公开，这就给予了人民群众以知情权，加大了权力行使的透明度，把权力行使过程置于人民群众的监督之下，使人民群众能够充分了解政府的计划、工作程序、办事结果、政府内部的工作纪律，为人民群众进行有效监督提供制度保证。公民对政府的监督及其有效性，依赖于政府信息的公开程度，而政府信息的公开程度，也反映着政府接受公民监督的主动程度，进而反映着社会的民主程度。

在《中华人民共和国政府信息公开条例》中规定，公民、法人或者其他组织认为行政机关不依法履行政府信息公开义务的，可以向上级行政机关、监察机关或者政府信息公开工作主管部门举报；认为行政机关在政府信息公开工作中的具体行政行为侵犯其合法权益的，可以依法申请行政复议或者提出行政诉讼。

二、各国对政府信息公开原则的规定

各国对政府信息公开的基本原则的规定并不完全一致，但是，它们具有共同性。世界各国政府信息公开法律制度的一个共同原则就是：政府信息公开是原则，不公开是例外。比如，芬兰《公文公开法》第 1 条规定："除本法或者其他法律另有其他特别规定外，官方文件必须公开。"日本《资讯公开法》第 5 条第 1 款规定："除请求公开之行政文书该当下列各款之不开示资讯，行政机关首长必须对开请求者，开示该行政文书"等等。

由于政府对信息的公开有一种本能的抵制性，因而，把“政府信息公开是原则；不公开为例外”作为一项基本原则固定下来，具有重大意义。首先，它对政府的管理思维模式具有重大的冲击和改善作用。传统的政府管理思维模式把保密作为一项重要的原则进行运用，认为信息的封闭有助于决策和执行。实质上，这主要是为了当权者运用权力的方便，大量暗箱操作、权钱交易是社会的主流，此时，没有民主的氛围和机制。当权者把政府当作自己的政府，把政府信息当作政府的财产，自然可以想公开就公开，想封闭就封闭。“保密为原则，公开是例外”是那时的基本原则。而把“政府信息公开是原则，不公开为例外”作为一项基本原则，这就把政府及其官员的管理思维模式彻底地予以扭转，从而导致对政府的定位、对政府信息的财产性本质的认识都会有根本的再认识，这也就在源头上确定了政府信息公开制度的价值取向，这种价值取向本质就是政府的服务行政。其次，把“政府信息公开是原则，不公开为例外”作为一项基本原则，这对指导政府信息公开制度的建设和完善具有重大价值。目前，世界上有 40 多个国家已经建立起了政府信息公开制度，有了相应的法典，大部分的国家还没有这方面的制度。以什么样的原则指导制度的建设是十分重要的，也是立法者需要率先考虑的问题。已经制定信息公开法的国家确立这样的原则，无疑对尚未制定信息公开法及建立相应制度的国家具有很大的影响，促使立法者思索和借鉴。即便是已经建立政府信息公开制度的国家，这个原则对其正确处理公开和不公开的范围等实践性问题也具有指导价值，促使相应制度的完善。再次，把“政府信息公开是原则，不公开为例外”作为一项世界各国都遵循的基本原则，有利于各国政府信息的交流和该领域法律的融合、制度的借鉴，促使世界各国的行政文明，政府信息公开是世界法治文明的产物，作为人类共同的文明成果，没有区域和国界。在信息时代，各国的合作和交流日渐密切，信息的共享越来越世界化，融入这一潮流，是世界经济发展和文明建设的必然要求。这一基本原则的确定就为政府信息的交流和融合奠定了法制的基础。

世界各国所共同具有的不仅仅是“政府信息公开是原则，不公开为例外”这一基本原则，比如，权利平衡原则，对获得政府信息的权利进行限制以便平衡与第三人权利的冲突或者与公共利益的冲突也是世界各国的普遍做法。要注意的一点是，针对具有共性的基本原则，各国强调的重点并不相同，有所侧重。当然，各国根据自己的国情，基本原则的具体内容还有不少的差别。比如，美国除了“政府信息公开是原则，不公开为例外”、权利平衡等原则外，其《信息自由法》还规定了这样几条原则：所有人均有查阅和获得信息的平等权利；说明信息（文件）不公开的理由是由行政机关，而非申请人；当人民被不当拒绝获得文件时，有向法院请求救济的权利；免除公开事项的设定必须要有可行性。美国所规定的几项原则，其他国家有的作了规定，有的并没有作规定，即便作了规定，具体的程序也不一定相同，比如，针对司法救济问题就需要与各国的司法传统保持一致。另外，有的国家即便具有相同的基本原则，但其内涵却不尽完全相同。比如，权利平衡原则是保加利亚和芬兰政府信息公开法律制度的一项基本原则，针对这一原则的实施，保加利亚的《获得政府信息法》规定得比较具体集中，其第 5 条规定，行使获取公共信息的权利，不得侵犯其他人的权利和声誉，不得违反国家安全、公共秩序、国民健康和道德标准。而芬兰的规定就比较原则和零散，在该国《公文公开法》第 11 条中规定了其他社会利益对知情权的限制，在第 6、第 7 等条文中有零散的规定，其内容与保加利亚的《获得政府信息法》相差很大。所以说，具体原则的确定要注意考虑各国实际情况，具体原则的内涵要符合本国的实际状况，要注意从现实从可能出发，基本原则指导下所确定的政府信息公开法律制度得到最终的实际落实，这才是最根本的。

第三节　我国政府信息公开的具体原则

我国政府信息公开的具体原则包括权利原则、公开原则、平衡原则、平等原则、便民原则、免费自由使用原则及救济原则等七个方面，这七个方面并不是孤立的，而是由一条主线贯穿在一起的，这条主线就是政府的服务宗旨。可以说，七条原则无不是政府服务宗旨的体现。

一、权利原则

权利原则是指获得政府信息公开是公民的权利，政府信息公开是实现公民知情权的必然选择，体现着对公民知情权的保护。权利原则作为政府信息公开的基本原则之一，主要是基于政府信息公开的法理和宪政基础。具体说来，它是当代公民知情权权利的直接要求，是主权在民宪法性原则在政府信息处理问题上的直接体现。同时，它也具有广泛的社会学和经济学基础，闪烁着现代法治文明的光芒。事实证明，如果没有把权利原则作为政府信息公开的基本原则来对待，“其结果是制度的实施效果非常不理想，并招致大量的批评，如欧盟与新西兰等”。所以，我国政府信息公开法律制度的建设，应该吸取他国的教训，牢牢地把权利原则作为一项重要基本原则来对待，从根本上建立政府信息公开制度的基础和基石。正确地理解权利原则，需要把握以下几个方面：

第一，权利原则所体现的权利是公民获得政府信息的权利，而实现的是公民知情权的内容。

公民的知情权是公民的自然权利，具有自然属性。针对政府而言，知情权的直接要求就是获得政府的信息，所以，公民的获得政府信息权利是来源于知情权的，两者之间是再生的关系。这样，公民的获得信息的权利得到了保障，知情权的内容也就得到了实现。权利原则说明，在政府信息公开法律制度中，要重在保护公民的获得政府信息的权利。政府信息公开法律制度的从无到有、从有到完善，均是源于公民知情权或获得政府信息权利的要求，除此之外，都不是根本或最终的要求。正确理解和把握这一点，就能正确地理解政府信息公开制度的全部。

第二，获得政府信息是公民的权利，提供政府信息是政府的义务。既然政府信息公开法律制度是为了保护公民的获得政府信息的权利，所以，获得政府信息是公民理所当然的权利，不是政府的恩赐。政府作为民意的代表机构的执行机构，有义务提供政府信息。政府信息公开法律制度就是使政府机构对其应当公开的信息规范化，使政府工作人员对其负有的公开义务法律化。这正是权利原则的具体要求。为此，政府工作人员要增强责任感，培养保护公民知情权的意识。传统的行政管理模式往往使政府机构工作人员认为政府信息是政府的“私有”财产，所以，公开什么，公开多少都是政府的事，与被管理者公民无关。这种观点是极其错误的。一方面，政府信息资源是政府使用纳税人的钱在行政管理过程中搜集和制作的信息，绝不是政府的“私有”财产；另一方面，政府是人民的政府，人民是政府的主人，政府的权力来源于人民，政府的管理就是为了服务人民，管理即服务。所以，现代意义上的政府职能已不再只是为了管理，注重对公民权利的保护，服务于人民，这才是现代政府之所以为政府的缘由。提供政府信息就是保护公民权利的一种具体做法。

第三，实现公民知情权的方式，一是公民申请政府信息公开，二是政府主动提供信息。实现公民的知情权，单单靠公民个人是不行的，而仅靠政府也是不够的，这需要两者的有效结合。一方面，公民根据自己的实际需要，可以申请政府公开其掌握的信息内容，这样的公开，有的放矢，既提高了公开的效率，又保护了公民的权利；另一方面，有时公民个人也不知道需要知道哪些自己应该知道的政府信息，或者某些政府信息只有公开才具有更巨大的价值，这种情况下，政府就需要主动提供这方面的信息，唯有此，才能真正保护公民的知情权。所以，要实现公民的知情权，一要靠公民个人，二要靠政府。两者的结合方式就是：公民申请政府信息公开，政府依法律之规定满足公民的要求；或者政府主动提供信息。这种做法就是基于权利原则的要求。

第四，权利原则还包含着对因政府信息公开而引发的各种权利进行平衡的内容。实施政府信息公开行为，所可能涉及的权利一般有：信息申请人的知情权，第三人的隐私权，第三人的商业秘密受保护的权利，国家保密权等。政府信息公开在实现申请人的知情权的同时，有可能侵犯其他权利内容，这就要在制度的设计上平衡各种权益的冲突，最终通过博弈形成最合理的制度。比如，为了保护国家的保密权，就需要规定例外信息，平衡知情权和保密权的关系，有限制地公开政府信息；为了保护公民的隐私权，就要分析在何种情况下知情权与隐私权会发生冲突，进而从制度的设计上平衡两种权利发生冲突的情形，在最大限度地实现公民的获得政府信息权利的同时，努力减少或避免对公民隐私权的侵犯。

二、公开原则

政府信息公开是原则，不公开是例外。这是世界各国信息公开法律制度的一个共同原则。具体说就是凡是政府信息都应当公开，除了法律规定不公开的信息。如何合理确定政府信息公开的范围成为各国立法中的一个难点。为了避免政府机关的工作人员以各种借口扩大不公开的范围，破坏政府信息公开制度，各国都将公开作为原则确立下来。通常，政府信息不公开的理由有：第一，为了行政方便考虑。信息封闭除了方便行政工作人员在决策过程中不需向公众交代外，对社会全无益处。第二，认为政府信息是政府的财产。公民委托政府代其管理社会，服务民众，政府使用公民的税源在行政管理过程中搜集和制作信息，形成政府信息资源。因此，无论如何政府信息资源都不能被看作是政府的财产。没有合理的理由，政府不得拒绝公开政府信息。公众获取政府信息不是使用政府的财产而是使用他们自己交由政府管理的财产。

信息公开原则理论基础源于政府信息公开原则。政府信息公开原则从政治学角度，主要是基于对现代社会权力健康运作发展的需要，基于对行政权力的监督的需要。由于“权力自身存在着自然腐化的倾向”和自然的扩张性，所以，要对权力进行监督和控制。政府信息公开就是一种很好的监督和控制行政权力的手段，能够有效地控制行政权力的过度膨胀，防治腐败。政府信息公开还能够强化民主政治。政府信息公开原则的确为公民的参与开辟了制度化的渠道，有利于人们更好地参与行政管理活动。从经济学的角度而言，在市场经济条件下，资源的运作必须是公开的，这是为了保证公平竞争的需要，法律作为重要的资源当然需要公开，政府信息公开原则要求公开法律资源及其他信息资源。特别是在我国，在行政机关尚掌握着人、财、物调配大权的市场经济的初级阶段，行政权力的不规则运行极易导致市场经济“游戏规则”的嬗变，这就需要把握有行政管理大权的行政活动公开，唯有此，才能营造平等竞争、有序发展的市场经济环境。从法学的角度而言，公民的知情权法理基础和人民主权的宪法性原则要求政府信息公开，而这也是政府信息公开的法学基础。因而，从广义上的政府信息公开而言，政府信息公开的原则就是政府信息公开，两者的含义在此层面上是一致的。所以，正确地理解公开原则，要注意以下几个方面：

第一，广义上政府信息公开与政府信息公开原则的内涵趋于一致。公开原则的内涵可以概括为两个方面的内容：一是行政机关的议事活动及其过程的公开；二是行政机关制定或决定的文件、资料、信息情报的公开。而此内涵与部分学者所理解的政府信息公开原则的基本内涵是一致的。我们所研究的主要是广义上的政府信息公开，狭义层面上的政府信息主要是指政务公开方面的信息。但从政府信息公开法律制度的建构方面，一般把部分狭义上的信息和狭义之外的广义上的政府信息通过政府信息公开法加以规范，把纯粹的议事活动及过程问题通过行政程序法加以规范。我们所构建的政府信息公开制度主要是围绕未来的政府信息公开法而展现的，因而，研究的理论内容是全面的，而具体的制度建设具有实用性和针对性。

第二，公开原则说明申请人向政府机构申请获得所需信息时，无须说明理由，政府应该依法提供。公开原则要求申请人向掌握政府信息的国家机构申请获取所需信息时，申请人只需提供所需信息的名称以方便被申请机构寻找即可，而无须说明使用信息的目的。既然，公开政府信息作为一项基本原则，政府就有主动公开的义务，对于公民想获取而政府还没有公开的信息，只要法律允许，就要满足公民的意愿，而无须了解公民的使用目的，因为，如何使用，为何使用，这是公民的权利，政府机构无权干涉。

第三，公开原则所指的政府信息是法律规定的可以公开的政府信息，对于保密的信息，公民无权要求政府公开，政府也无权主动公开。因为，政府信息是社会资源，所以要公开，但是，很多政府信息涉及国家的安全或者法人、公民个人的隐私，这就需要对公开加以限制。因而，公开原则的运用具有一定的范围性，这与信息公开的范围性限制是一致的。那么，针对政府信息公开法律制度建设而言，如何确定公开原则的范围就变得十分重要了，这是立法者和制度规划者所必须考虑和需要克服的困难问题。

第四，政府信息公开主要通过旁听、报道与转播、刊载、查阅等方式实现的，政府信息公开也离不开这些方式。要做好政府信息公开工作，就需要制度的保障，其中的公开方式是可以运用现代科技手段的，比如，通过建立政府机构上网工程、建立电子政府系统等，只要能够有益于公开，各种方式都是可以采取的，这是实现公开原则必不可少的一个重要环节。

三、平衡原则

平衡原则的确立源于权利的冲突，相冲突的权利是可供选择的权利，因为它们之中必有一项被放弃。具体有三种情形：第一，权利与权利的冲突，即获得信息的权利与个人隐私权或企业的商业秘密权等私权利的冲突。第二，权利与权力的冲突，即获得政府信息的权利与政府的行政特权的冲突。法律应当在政府权力与公民权利之间有一个平衡点。当然，政府的权力和公民的权利是不同性质的，相对公民私权利而言，权力具有强制性、单方性和优益性的特点。权利的倡导者认为，权利是道德原则，它本身就是目的，权利制约利益，权利不是以功利和社会效果为基础，而是以其正当性的演化与利益无关的道德原则为基础。权利的倡导者强调权力与利益的不同目的是要防止在权利向利益演化的过程中以国家利益限制个人权利。因此，从权利的性质看，我们无法比较哪一个权利更重要，例如，获得公开信息的权利更为重要还是隐私权更为重要？

平衡原则就是解决由于公开政府信息而可能引起的，信息申请人的权利与第三人的隐私权、第三人的商业秘密受保护的权利及政府行政特权（国家保密权）等权利或者利益的冲突。当权利与权利发生冲突时，能够比较的是每项权利所表现的利益。

比如，公开给信息申请人带来的利益与披露信息给第三人的隐私造成的损害是可以比较的。信息公开法律制度在解决权利冲突时，涉及的平衡机制是规定例外信息，例外信息原则上是不公开的。当申请获得政府信息的权利与隐私权或政府保密权等冲突时，获得政府信息的权利要受到一定的限制。因为涉及他人隐私，或者国防外交等重要的国家利益或社会利益的信息，如果不当披露就有可能给相关的第三方或国家利益造成损害，而且是不可弥补的损害。

所以，信息的公开应有一个合适的“度”，即要把握平衡原则在立法中的运用。在政府信息公开制度比较成熟的欧美国家就不赞成信息的“过度公开”，这有可能造成国家安全机密的泄露，个人隐私的曝光，商业秘密为对手窃取等消极后果。保加利亚《获得公共信息法》第 5 条规定，行使获取公共信息的权利，不得侵犯其他人的权利和声誉，不得违反国家安全、公共秩序、国民健康和道德标准。芬兰《公文公开法》第 11 条明确规定了其他社会利益对知情权的限制。权利的相对性也需要权利的平衡原则。任何权利都不是绝对的，任何权力都必须有必要的限制。通常对权利的限制有对行使权力的目的限制和行使权力的程度限制。法律确认公民享有各项权利和自由，就是赋予他获取合法利益谋取个人幸福的手段。这种合法利益和幸福是利己的，但同时也是利他的和对社会有利的，至少对他人和社会是无害的。法律确认的公民的各项权利和自由，是从这样的基本目的出发的，就是说法律是站在客观的立场上，通过对社会整体利益的权衡来设定每个公民和社会成员的具体权利。一方面使公民在现实社会的基础上享受必要的或者尽可能多的自由和权利，满足个人获得利益和幸福的需要；同时，也对个人权利予以必要限制，以免个人的权利的任意行使损害了他人和社会的合法权利和利益。这种个人权利的构成基础决定了行使权力的目的的善意性，而不能是恶意的。但即使目的是善意的，如果行使权力过度也会导致他人合法权益和社会利益的损害。

公众行使知情权的过程中，随时都会与其他权益发生一定的冲突。规定权利平衡原则，是为了保证更有效地行使知情权。当然，不得随意解释或适用权利平衡原则，特别是不得以公共利益作为剥夺获得政府信息权的借口。特别对于中国的现实而言，信息公开面临的主要问题并不是“过度公开”，而是公开范围和力度还很不够，眼下当务之急就是要重新界定保守国家秘密的范围，做好信息的公开、保密、解密和分类工作，这应当以信息公开为原则，保守国家秘密为例外，也不应当设置过多的豁免规定。

四、平等原则

平等问题一直是人们关注的基本问题，人类最早的平等观念产生于古希腊。在政治思想中，平等的概念有两种基本的用法：第一是指本质上的平等，即人都是平等的动物；第二是指分配上的平等，即人与人之间应在财产分配、社会机会和政治权利的分配上较为平等。本质上的平等常常作为分配上平等的理论基础。平等与不平等，一方面起因于自然，是自然造成的，因而是不可选择、不能进行道德评价和法律规制的；另一方面则起因于人的自觉活动，是人的自觉活动造成的，因而是可以选择、能进行道德评价和法律规制的。所以，无论在政治上怎样理解平等问题，在社会生活中的很多方面都是可以用法律加以规范的。平等的实质是权利的平等，法国《人权宣言》中就明确指明“平等就是人人能够有相同的权利”。而权利是可以通过法律所授予和约束的，这就使通过法律规范平等问题具有了可能性。实质上，平等原则已经作为宪法位阶的一项基本原则，要求一切部门法律都必须遵守。政府信息公开法律制度自然也要遵循这一原则，平等原则引入政府信息公开这一领域是非常必要的。全面正确地理解政府信息公开法律制度中的平等原则需注意以下几点：

第一，平等原则在政府信息公开法律制度中的体现就是指人人具有平等地获取政府信息的权利。由于政府信息具有公共财产的性质，政府机构制定的法律、法规、规章及其他规范性文件，其收集、利用、传播、保存和负责处置信息所需的经费，均来源于纳税人的税金，所以，人人都可以获取，都可以要求政府提供。这种获取的权利不应因申请人的身份、地位的不同而不同。申请人不应有资格的限制，不仅和信息有关的直接当事人可以申请获取，其他任何人都可以申请，并且具有平等获得的信息权。

第二，平等原则运用于政府信息公开法律制度领域是世界上很多国家的做法，是人类法治文明的共同成果。在美国、日本等国的《政府信息公开法》中，规定了申请获得政府信息的申请人的范围是“任何人”，不仅包括本国人，还包括外国人，既包括了自然人，也包括了法人或其他组织。平等的原则得到最大限度地推广运用，事实证明，效果是好的，有益于信息的流动，体现了立法目的。在我国，由于受长期的封建传统的影响，人们缺少平等观念，人的身份地位常常影响着其权利的行使，所以，在信息社会，把平等原则运用到政府信息公开法律制度领域具有重大意义。

第三，平等原则得到落实，需要平等原则的程序化。针对政府信息公开问题，实现平等需要一定的法律程序的设计。平等是否意味着一切人所享有的一切权利都应该是完全平等的呢？事实并非如此。比如，总统和平民所享有的一切权利既不可能也不应该完全平等。针对政府信息的获得权，也不是完全一致的。由于政府信息的公开与保密密切相关，部分政府信息与国家的安全密切相关，所以，哪些政府信息需要哪一级的政府官员掌握，哪些信息可以面向社会公众，是有所区别的。这里平等原则就要从实质的平等角度来理解和运用。细究起来，权利平等原则有两层含义：一方面，人人所享有的基本权利应该完全平等；另一方面，人人所享有的非基本权利应该比例平等。落实在政府信息公开问题方面，在制度的设计上，一方面，任何人都可以申请政府信息，另一方面，信息公开也要有一定的程度，是全部公开，还是部分公开，是针对社会公众的公开，还是只对同一层级极少数人的公开，法律需要有明确的规定，并具有可操作性。

五、便民原则

便民原则是政府信息公开制度落到实处的重要保证。在我国，目前还没有建立政府信息公开制度，各级政府没有相应的窗口和专职化的职员履行政府信息公开的工作，通常把向申请人提供政府信息的行为作为额外的事情来做，很多政府机构工作人员甚至认为对政府信息的提供是政府的恩赐性行为。在这种制度和思想影响下，申请人想获得政府应该提供的信息的成本是巨大的，这就远远背离了政府信息公开法律制度所追求的目的。所以，如何便民就成为衡量政府信息公开制度是否落到实处的重要参考依据。

正确地理解便民原则还需要从这样的高度来认识它：首先，便民原则是我党执政为民在政府信息公开法律制度中的具体体现。执政为民要求各级政府要以人民的根本利益为出发点和落脚点，想人民之所想，思人民之所思，树立以群众为中心的正确的行政观念。在制度的构建和实施中，就是要方便老百姓，为人民服务。其次，便民原则体现着政府对公民知情权的尊重。既然政府信息公开是为了保护和实现公民的知情权，那么，在制度的构建中就要体现方便公民获取政府信息的设计，这样才能真正体现政府对公民知情权的尊重，使政府的制度建设原则性、目的性保持一致。再次，便民原则也是政府提高信息公开制度运行效率的有效途径。政府信息公开就是向人民群众公开，有的信息需要政府主动公开，有的信息是依申请才公开的，其程序的启动是人民群众。所以，人民群众的方便获取信息或正确参与政府信息的公开工作是必然的。这个必然的过程，如果贯穿便民原则，显然会提高效率。

诚然，便民原则非常重要，那么，究竟如何在政府信息公开制度中落实便民原则呢？具体措施如下：

第一，建立教示制度，明确政府机关对群众的协助义务。现代社会的政府职能非常广泛，在我国，行政组织法又不健全，这使政府机关之间的职能有时交叉不清。如果单纯靠群众判断当想获取某一类政府信息时向哪一个机关提出申请，非常困难，常常会发生提着灯笼找不到“庙门”的情况。另外，政府信息种类繁多，数量巨大，如果单纯靠公民个人检索、查找，也是非常困难的。所以，为方便群众，贯彻便民原则，就需要建立教示制度，并明确政府机关对群众的协助义务。具体说来，一方面，政府可以做一些示范，比如，如何填表，检索的方法、步骤等明确化，有事例，有说明，努力方便老百姓；另一方面，政府要主动协助，耐心解答，协助群众填写信息申请表，当发现信息申请存在差错时，主动帮助申请人通过补正予以完善。当发现信息申请的提交机关错误后，应及时告知，并指出应该提交的正确机关，等等。

第二，政府信息申请的方式可以灵活多样，政府应不拘泥于形式，按照申请人的申请提供相应信息。社会公众向政府机关提交信息申请的方式一般包括书面和口头两种。由于科技的发展，人们之间的交流通常可以采取电话、电子邮件、传真等方式，这些方式固然也可以归属于书面或口头方式，但是，却很少在法律部门中得到认可。为方便群众，申请人对政府信息公开的申请是可以采取电话、电子邮件、传真等灵活多样的方式的，政府应当接受。这样，一方面方便了群众，另一方面会使信息的流动性突显出来，提高效率，充分体现政府信息的经济价值。

第三，政府信息集中管理，政府机构开设专门工作窗口，培养和配备专门工作人员，这有助于方便人民群众，提高工作效率。设立专门的政府信息提供机构，对政府信息集中管理，会大大提高行政效率，方便群众。随着政府信息公开制度的建立，必然会有大量的信息申请事宜，高效率地处理公民的申请会消耗政府部门的大量精力，分散政府职能部门的工作重点。可以集中的政府信息集中起来，不仅有助于政府职能部门集中于主要职能事项，而且，政府职能部门可以更容易获取跨部门的必要信息，提高决策的正确性。政府机构开设专门的工作窗口，这是被实践证明行之有效的方式，如针对行政许可事宜，《行政许可法》就规定了一个窗口对外的工作方式，事实证明，方便了百姓，提高了效率。信息的搜集、管理工作就如同档案管理工作一样，需要科学的方式方法，培养和配备专门工作人员是十分必要的，专门工作人员的熟练操作、对信息的科学分类管理是及时提供政府信息的重要保证。

第四，明确群众有选择信息载体与服务形式的权利。政府信息存在的形式是通过政府信息的载体表现出来的，可以是纸张、电子文件，也可以是微缩胶片等。既然形式可以是多样的，那么，政府提供的信息具体采用的是何种形式呢？这个选择权应该归于申请人，由申请人来决定。这是因为，只有申请人知道所需信息的个人用途，不同的载体形式有时会给申请人带来不必要的麻烦，所以，便民原则要求群众有选择信息载体的权利。

政府在批准群众的信息申请后，服务形式可以是对政府信息的复制、现场阅览、邮寄、传真及电话回答等多种方式。针对这些形式，一般可以任意地选择。便民原则要求申请人具有选择服务形式的权利，这也是基于方便群众进一步地运用其所获取的信息提高运用信息的效率，防止政府机构工作人员根据个人的偏好提供具体服务方式，给群众获取和利用信息带来不必要的麻烦。

六、免费自由使用原则

免费自由使用原则包括两个方面的含义：一是免费，即政府机关不得借信息谋取利益，不能根据信息本身的价值收费；二是自由使用，即申请人获得政府信息后可以以市场化的方式对信息进行再加工或其他形式的商业开发。所以，这一原则是从政府和信息使用人两个角度规范信息的公开和流动性问题的。

政府在行政管理过程中，通过使用纳税人的钱搜集和制作的信息形成政府信息资源，政府信息作为公共资源，作为社会个体的公民自然可以免费使用。但是，由于政府掌握着政府信息，政府及其官员借助手中的垄断信息设租的现象非常普遍，通过各种方式谋取不当利益的事件比比皆是。这样，一方面增加了腐败现象，另一方面，公民获得信息的成本也大大提高了，这与政府信息公开法律制度的目的大相径庭，所以，有必要确定公民的免费使用原则。

确定公民的免费使用，主要是针对政府主动公开的信息而言的，对这类信息要以不收费为原则。但是，当公民个人具体使用政府信息时，我们需要坚持的原则就是自由使用。这是因为，自由使用信息有助于扩大信息的流动性，提高信息的经济价值。信息的使用就是要达到流动的效果，信息只有流动起来才能最大限度地体现其经济价值。如何促使信息的流动呢？根据经济学的有关理论，如果信息的产权得到界定，那么在市场经济制度下，其流动性就会加强，因为，流动意味着贸易，意味着交换，而清晰的产权是市场交换的前提条件。政府信息是公共资源，如果界定产权的话，是属于公有的，不具有私有财产的特性，这就对政府信息的流动性带来了根本障碍，因而，我们主要靠法律强制性使之流动。申请人获得政府信息只是该信息被使用的一个方面，如果允许申请人在不违背法律的前提下自由使用信息，对该政府信息可以改造加工，进行再开发的活动，这就会使该信息的经济价值得到进一步提高。而经过再开发再加工的信息，由于可以界定产权，这就为信息的更广泛地流动奠定了基础，必然会有效地调动民间对政府信息开发的积极性，其结果是信息的经济价值得到了最大限度地张扬，整个信息产业尤其是信息服务业会得到巨大的发展。

通过以上分析，我们意识到免费自由使用原则包括免费和自由使用两个方面的含义，一个针对政府而言，一个针对使用者公民而言。这一原则所规范的信息使用，一是从获取信息的角度而言，一是从获取信息后如何使用的角度而言。针对的主体有所不同，但是，目的都是为了促使信息的流动。除此之外，正确地理解免费自由使用原则还需要注意以下几点：

一是免费自由使用原则中的免费并不免除申请人需承担的检索、复制与寄送信息的成本费用。也就是说，由于申请人的申请，针对需要提供的政府信息所花费的基本成本费用需要申请人来支付，这也是为了减轻政府的负担，并且，根据公共负担平等学说，申请人支付基本的成本费用也是应当的。但是，关于是否要求申请人预先缴纳费用，各国大致有两种做法：①规定行政机关不能预先收费，除非申请人有相关的劣迹，这以美国《信息自由法》的规定最为典型；②规定先缴费、后提供政府信息，以南非等国家的规定为典型。我国《政府信息公开条例建议稿》第18条规定：“申请人获得政府信息应支付检索费、复制费、邮寄费。政府机关收取的费用不得超出因公开政府信息发生的实际成本。申请人应当先缴纳费用，凭支付凭证获得政府信息。”可见我国采取的是南非等国家的先缴费、后获得政府信息的模式，采取该模式可以防止申请人获得政府信息后不缴纳费用的行为，保障政府机关公开政府信息的积极性，但其缺点是有可能在一定程度上限制信息公开的申请。笔者认为，我国之所以在此不采取美国的先公开、后收费的原则主要原因在于：我国缺乏类似美国的完善的个人资信记录，不能对逃避缴费的行为加以预防和遏制，另一方面，我国缺乏比较充裕的公共基金对不缴费的行为提供经济支撑。可以说，采取南非的先交费、后公开的模式是基本符合我国国情的。

所以，理解免费含义时需要特别注意：第一，不得谋取利益，这主要针对政府而言。随着信息社会的来临，信息经济价值突显，政府部门借手中垄断的信息寻租现象已非常普遍，如果放任政府机关借信息牟利，或者变相抬高获得信息的成本，都会影响信息公开制度的实施，增加公众获得信息的成本。第二，减免经济困难的人应当支付的费用。政府信息公开法律制度规定的收取成本费用的规定，是为了减轻政府的压力和限制不合理的申请，如对重复申请和无目的申请的限制。但是，不能使成本费用成为实现获得政府信息权的障碍。为了防止费用成为政府信息流动的障碍，在特定情形下，减免申请人费用就成为各国规定的共同制度。申请信息费用的减免包括对申请费用的减收和免收。获得信息费用的减免必须要有信息申请人提出申请。一般各国规定为了公共利益申请信息公开可以获得费用减免。因为，这种信息公开可以增强政府运行的透明度，加强公众对政府的监督。如果在收费的规则上没有对穷人的特别保护，获得政府信息的权利就有可能成为富人的特权。因此，世界各国都普遍规定了对于经济特别困难的信息申请人减免费用的规定。

二是对政府信息的自由使用是世界上很多国家的做法，如美国就规定，任何人都可以自由地复制联邦政府文件并出售，也可以将联邦政府的公开数据上网。德国、丹麦、希腊、西班牙、意大利、瑞典等国也都允许对政府信息的自由使用。申请人自由使用政府信息，能够借助市场机制，保证信息来源的多样性和各种信息之间的有效整合，也有助于提升信息服务的水平和质量。对政府信息的加工，可以满足对信息的不同需求，促进信息的流动，所以，它既是对政府公开信息方式的补充，也是实现信息价值的市场经济自发调节的一种选择。所以，政府信息公开法律制度对政府信息的市场化运作是予以鼓励的，当然，申请人自由使用信息不得侵犯他人的权利，申请人的自由使用要受到法律的约束。

三是我国对政府信息是否可以再利用，并没有明确的法律规定。从世界各国来看，对官方文件予以版权保护的国家或地区，信息产业的发展就不发达，如爱尔兰、英国等；而对政府信息可以再利用的国家，信息产业就很发达，如美国。尽管，信息产业的发达与否，因素很多，但是，对政府信息的版权保护，限制自由使用，无疑会影响该部分信息的流动性。《著作权法》第 5 条第 1 款规定，著作权保护不适用“法律、法规，国家机关的决议、决定、命令加其他具有立法、行政、司法性质的文件，以及其官方正式译文”。根据《著作权法》的这一规定，政府对政府文件应当不享有著作权，所有的政府文件都属于公有领域，可以自由使用。但是，对《著作权法》的这一规定并没有明确的解释。所以，我国应该在政府信息公开法律制度中明确免费自由使用的原则，以促使我国政府信息的流动。

七、救济原则

“对于任何权利，都必须有可能说出何种作为或不作为将构成对它的侵犯，如果没有此种作为或不作为可以证实，那么，就不存在一项权利。”有权利就需要有救济，否则权利的实现就无保障。政府信息公开法律制度中的救济原则是指当申请人认为其知情权或第三人认为其合法权益受到威胁或实际侵害时，可以通过一定的途径获得行政上或司法上的救济。救济原则是世界各国政府信息公开法律制度中普遍贯彻的基本原则，体现了没有救济就没有权利的思想。世界各国对政府信息公开制度的救济无外乎三种形式，即行政救济、准司法救济（行政裁判所救济）和司法救济（行政诉讼救济）。“在每一案件中，法院都必须考虑所寻求的救济的适当性或任何其他可资适用救济的适当性。”一般来说，各国都试图充分利用行政救济的便利、经济和高效的优势，所以，行政救济通常被规定为司法救济的法定前置程序，而把司法救济作为对行政知情权进行保障的最后堡垒。

按照该原则所设计的救济制度，能够使申请人与第三人依法维护自己的知情权和其他权利，从而可有效地保障政府信息公开法律制度目的的实现。正确地理解和贯彻这一基本原则，需要注意以下几个方面的问题：

第一，救济原则一方面保护公民的知情权，另一方面维护第三人的隐私权或商业秘密。政府信息公开法律制度的救济所保护的是公民的知情权，或者说是公民的获得信息的权利。当政府机构不公开按照法律规定可以公开的政府信息时，申请人可以通过行政或司法救济的途径，强制其公开，以达到保护其知情权的目的。另一方面，有时政府公开了按照法律规定不得公开的信息，特别是由于该信息的公开，侵犯了第三人的隐私权或商业秘密，在这种情况下，该第三人也应该可以通过行政或者司法的救济途径，维护自己的合法权益，这就是救济原则所保护的另一种权利。所以，政府信息公开法律制度的救济原则在保护公民的知情权的同时，也注意维护第三人的合法权益。

第二，从政府角度而言，救济原则限制的是政府的权力，它对政府机构及其工作人员实施政府信息公开行为具有约束力。救济原则所救济的是公民的权利，从另一方面来说，所限制的是政府的权力，它要求政府机构及其工作人员在实施政府信息公开行为时不要侵犯公民的合法权益，否则就要承担法律责任。由于政府信息公开问题是一个较为新兴的事物，我国相应的制度建设还很不完备，因而，实施起来的障碍必然是巨大的，特别是政府机构工作人员还没有培养起公开政府信息的意识，没有形成政府信息公开就是提供信息服务的观念。所以，就需要多加限制政府机构工作人员与政府信息公开工作相悖的权力，通过树立法律责任感约束其相应的行为。救济原则正是起到了这一作用。

第三，救济原则的贯彻必须结合我国的实际状况，它与我国的行政救济制度的现状密切相关。在我国，针对行政行为引起纠纷的行政救济制度主要是行政复议和行政诉讼制度，因而，政府信息公开法律制度中的救济问题，一般也应以行政复议与行政诉讼为主。由于我国的行政复议与行政诉讼制度都没有规定当公民的知情权受到侵害时，能否提起行政复议或行政诉讼，那么，在政府信息公开法律制度中规定这一问题，不仅贯彻了救济原则，而且，在客观上还弥补了现行立法的漏洞，扩展了行政复议法和行政诉讼法的适用范围。

第四，更有效地贯彻救济原则，还需要注意学习国外的针对政府信息公开问题的特有救济制度。国外关于政府信息公开问题的救济制度是多样的，比如，泰国在法律中就专门规定了设立官方信息委员会的制度，美国的许多州政府、议会设立了监察专员解决相关争议的制度，这就对推行政府信息公开制度提供了更多保障。我国也可以考虑学习国外的一些做法，如在政府内部设立信息委员会，致力于降低来自行政机关内部对实施信息公开制度的阻力；再比如，在人大内部设立专门的信息监察专员，结合我国国情，努力发挥人大代表的作用等。

第五，救济制度的设计需要特别注意时效问题。救济制度的设计既要结合现行的行政救济手段，又要注意针对政府信息公开的特点，学习国外的行之有效的制度，这就容易产生救济时效上的冲突。比如，假设我国在各级政府机构内部设立了信息委员会，那么，公民就面临如何选择救济的问题，选择了向信息委员会提起申诉，是否因为时效问题丧失了提起行政复议或行政诉讼的时机。如果还设立了信息监察专员制度，那么，如何在有效的时效时限内衔接、选择这些救济手段，这是制度建构者需要认真考虑的问题。救济途径增多了，固然是好事，但是，需要特别注意时效问题，否则，救济原则就如同空中楼阁，难以实施。

以上七大原则是构建我国政府信息公开制度的基本原则，它们是我国政府服务宗旨的全面体现，具有重要的指导价值。在贯彻实施它们时，要注意结合我国实际，灵活使用。同时，我们还要注意学习国外成熟的做法，努力使制度的建设工作做到理论联系实际，有的放矢，从而高效率地推进我国政府信息公开工作，使政府信息的经济价值充分体现出来，公民的知情权利得到最大限度地保障，国家的相关利益同时也得到最好的维护。

第五章　政府信息公开制度概述

第一节　政府信息公开制度的基本概念

信息公开在我国又可称为政府信息公开或政务公开，主要是指行政主体在行使国家行政管理职权的过程中，通过法定形式和法定程序主动将行政信息向社会公众或依申请而向特定的个人或组织公开的一项法律制度。设立该项制度的重要目的就是要保障公民取得政府信息的权利，加强政府行政的透明度，使公民在与政府机关的抗衡中能够在一定程度上达到平衡，实现权利防御和平等抗衡的功能。并且，政府信息公开制度在有利于公民参政议政权的实现，完善社会主义民主政治，控制行政权的扩张，维护公民的合法权益，建设廉洁政府，预防行政腐败和提升民众对政府的信任感等方面都具有显而易见的现实意义。

一、信息概述

美国著名的未来学家安迪·海因斯为我们描绘了 21 世纪初期在信息技术影响下我们工作和职业的场景：“农民成为农场的经营者”“警察用信息武装起来”“工人监视自动化操作过程”“顾问提供快速而及时的咨询服务”“世界各地科学家合作更密切”“教师充当学生和信息的中间人”。可见，这是一个信息的社会和时代。

信息主要包括两大类：自然信息和人工信息。信息对于人类来说从来都是重要的，今天尤其重要。未来学家托夫勒把人类社会的发展过程划分为三个阶段：一是以农业经济为基础的农业社会；二是以工业经济为基础的工业社会；三是以信息经济为基础的信息社会。人类社会现在就处在信息社会时代。信息的特征主要表现在传递性、寄载性、时效性、可处理性、可共享性、替代性、积累性、真实性和可识别性等方面。

（一）信息的概念

“信息”一词，在我国最早出现在《三国志》中：“诸葛恪围合肥新城，城中遣士刘整出围传消息。王子俭期曰：“正数欲来，信息甚大。”这里的信息是指消息。南唐诗人李中的《暮春怀故人》有“梦断美人沉信息，目穿长路倚楼台”的诗句，此信息也是消息的意思。“信息”的英文、法文、德文、西班牙文，都是“Information”，俄文与此同音，可以说是一个国际词汇。日本把“信息”称为“情报”，我国台湾地区则称之为“资讯”。从词源学角度，Information 来源于 Fomatio 与 Forma，两者都表示对某件事实定型、构造的意思。

由于信息本身的复杂性，对于信息的概念，学术界从不同角度对信息作不同的解释，至今没有统一的定义。有的从生物与外界的关系来定义信息，认为信息是生活主体同外部客体之间的有关情况的消息。信息的起源与生物的产年同时开始。信息出现在下面的循环中：生活主体—信息—评价—选择行动—实现效能。我们把上面循环公式中的“生活主体”换成“人”就可以得出这样的结论：信息对于人类社会的功能是人选择行为时作出评价的基础和依据。人的理智的行为是选择的结果，而选择是对相关信息进行分析的结果。有的学者从信息与通信的关系来定义信息。通信分为三个阶段：第一阶段是技术的或者语法的，主要目的是保证信号尽可能正确地被接收及复制出来；第二阶段是语意的，它和语言的意义有关，目的是保证理解所接收到的信号；第三阶段是行动阶段，即把信号变为行动。与此相对应有三种信息概念：第一种认为信息是物质属性的反映，可称之为技术信息或者语法信息；第二种认为信息是反映相对外部世界的某种认识，强调的是信息的逻辑，称为语意信息或主观信息；第三种认为信息是有价值、可利用的知识，可称为价值信息或效用信息。

国外关于信息的定义以申农（C.E.Shannon）和维纳（N.Wiener）的界定最为权威。1948 年申农博士在美国《贝尔系统杂志》上发表了《通信的数学理论》，讨论信源和信道特性。在这篇著名的论文中，他提出信息是“两次不确定性的差异”，用以消除随机不确定性的东西，这一理论奠定了信息论的基础。1950年美国著名科学家、控制论的创始人维纳在《人有人的用处——控制论和社会》中称，“信息是我们用于适应外部世界，并且在使这种适应为外部世界所感知的过程中，同外部世界进行交流的内容的名称”。这里的信息是人与外界进行交换的一种东西，这种东西究竟是什么呢？维纳说：它既不是物质，也不是能量。显然，维纳的意思是把信息与物质、能量并列。然而，维纳的这一解释仅仅限于人与外界环境的交换，遗漏了物质世界的自然信息，信息的范围实际上还要广泛得多。我国对信息的定义也非常丰富，一般从两个角度对其界定：一种是从理论的角度，抽象地定义信息，认为信息是客观世界上各种事物的变化和特征的最新反映，是客观事物之间联系的表征，也是客观事物变化和特征的实质内容。总之，信息是客观事物的反映或再现。另一种是从实用的角度具体地定义信息，把信息作为消息、数据、情报、资料、知识等的同义词，或作为它们的统称。较为通用的信息概念，是指能反映事物存在和运动差异的，反映客观事物特征的，是发生源发生的，经过加工和传递，可以被接收者接受、理解和利用的消息、信号，以及各种内容的情况或知识的总和。

信息对人类社会的生存与发展具有十分重要的作用。信息是人类社会生存和发展的基本条件，是人类认识、改造世界的媒介，是重要的、活跃的生产力要素，也是社会经济发展不可缺少的资源。信息具有传递性、依附性、可塑性、可共享性、替代性、积累性、真实性等特征。法律上要求的信息，是经过加工处理的具有一定使用价值的信息。受法律所调整的信息必须具有可管理性、价值性、法定状态性等基本属性。

（二）信息的特征

从信息的概念可知信息的抽象性与丰富性，为了更进一步认识信息，可以从状态、传递、加工、利用等角度分析其特征。

1. 信息的客观性

信息是事物变化和状态的客观反映，其实质内容具有客观性，即使是主观信息，如决策、指令、计划等，也有它的客观内容，以客观信息如初始信息、环境信息等为原料，并受客观实践所检验。信息的客观性并不能保证任何信息的内容在任何时候都具有客观性，事实上，受主体认识能力的限制，认识论层次上的信息有时并不符合客观实际。

2. 信息的普遍性及无限性

信息是事物运动的状态和方式，只要有运动的事物存在，就必然有信息产生。信息存在于客观世界的不同层次上，不管是从宏观领域，还是从星际、分子、基本粒子等微观领域，都有信息的存在相交换。信息与其本源物质一样是无限的，取之不尽，用之不竭。虽然信息的取得要受主客观条件的限制，但信息的存在是无限的。信息的无限性还以它的衍生性为主要特征，从信息产生的信息，可以形成无穷无尽的衍生链带，产生无限的信息。

3. 信息的依附性

信息必须依附于一定的介质而存在，它必须借助于文字、图像、胶片、磁带、声波、光波等物质形态的载体，才能够表现出来，才能为人们的听觉、视觉、味觉、嗅觉、触觉所感知，人们才能识别和利用信息。从某种意义上说，没有信息载体，就没有信息本身，信息与载体不可分割。

4. 信息的价值性

信息对于接受者来说，是一种预先不知道的、有价值的东西，信息具有使用价值，能够满足人们某些方面的需求，被人们用来为社会服务。信息使用价值的实现，相对于不同的信息使用者是不同的。同一个信息，由于使用者的条件与环境的不同，会得到不同的使用效果。

5. 信息的时效性与新颖性

信息的效用有一定的期限，过了期限，效用就会减少甚至丧失。有些信息在交换过程中，甚至在尚未进入流通领域之前就失去了使用价值。同时，对于同一事物，由于每个人的理解力和获取信息的目的各异，不同的观察者获得的信息量可能是不同的，即使是相同的信息，由于存在利用方法、利用程度和利用结果上的不同，每个人对其利用的效果也是不同的，因此，无论是从信息交换过程的角度，还是从信息使用者的角度来说，信息的存在都有时效性，这也是信息价值的决定因素之一。新颖性是时效性要求的延伸，是指该信息是过去所没有过的，是信息的生命。

6. 信息的共享性

信息为社会所共有，在一定的时间和空间内，在一定的程度与范围内，可以分享，不会为一个单位或一个个人永远占有。信息与物质不同，具有无磨损性，不会消失，不会因交易、利用而失去或减少，相反，由于信息的传递、反馈、利用，其内容不断丰富。正如萧伯纳的“苹果和思想”的著名论断：你有一个苹果，我有一个苹果，交换之后，双方各自还只有一个苹果；你有一个思想，我有一个思想，交换之后，双方各自就都有两个思想了。共享性是信息区别于物质和能量的重要特征。

（三）信息与相关概念的区别

1. 信息与信息资源

国内外对信息资源有不同的理解，即狭义的信息资源与广义的信息资源。狭义的信息资源指信息本身或信息的集合，准确地说是信息的内容，所以狭义的信息资源的概念与信息没有区别；广义的信息资源是信息及其相关因素的集合，除信息本身外，信息资源还包括与其紧密相关的信息设备、信息人员、信息系统、信息网络等，涉及信息的生产、分配、流通、消费等过程。

2. 信息与知识

知识是信息的一种，是人类已经认识的、系统化的信息。知识存在于人脑、实物和文献等载体中，并且其传播可以不受时空的限制。由于人类认识能力的限制，那些还没有被人类认识或者虽然有认识，但认识尚不充分、不完整，尚未成为系统的信息，就不是知识，还只是信息。知识都是信息，信息并不全是知识。

3. 信息与情报

英语里的 Information，在汉语里既可译作信息，也可译作情报，以致许多人认为信息和情报是同义词，其实二者是有区别的。我国情报学界对“情报”的概念有严格的界定：情报是那些对用户有用、经过传递到达用户的知识。可见，情报都是知识，知识并不都是情报，只有那些对用户有用、经过传递到达用户的“知识”才能称为情报；那些对用户没有用或对用户虽然有用但没有传递给用户的知识不能称为情报。信息可以成为情报，但信息并不都是情报，情报只是信息中的一部分。有的学者认为信息与情报的术语规范应该是：信息——Information，情报 Intelligence。

二、政府信息的内涵

了解政府信息公开的确切含义是十分重要的。在我国，目前我们的公开还只是停留在办事制度、办事结果和办事程序的公开，还没有上升到政府掌握的信息的公开，而同时，包括很多学者在内，把研究信息公开问题仅限制在政务公开方面，或限制在政府掌握的信息公开方面，没有区分它们之间的区别和联系，将之混为一谈。周汉华研究员在回答网友关于政府信息公开立法的有关问题时，有一个不太恰当的但却能说明问题的比喻。他说，政府公开与政务公开的关系像火车站的时刻管理：站内的管理规则公开像是政务公开；时刻表公开则像是信息公开。如果火车站只告诉你有什么权利，火车内部是怎么管理的，违法了要受到什么处罚，但是没有告诉你火车几点开，几点开到什么地方，这是信息公开上所欠缺的。所以，我们所研究的是广义上的政府信息公开。有的学者从微观和宏观的角度理解政府信息公开的含义，指出：微观意义上的政府信息公开是指行政机关依照法定程序向公众或特定的公民提供有关的信息的法律行为；宏观意义上的信息公开是指行政机关在行政管理中的一项法律制度，即行政机关向公众或特定的公民提供行政管理信息的范围、主体、程序、法律后果等要素组成的法律制度。这种理解与我们广义上的政府信息公开的内涵是一致的。当然，其从微观层面上更强调的是政府提供其掌握的政府信息的行为。

（一）政府的含义

政府的英文"government"一词源自拉丁文"gubernaculums"，意为舵。政府有广义和狭义之分。广义的政府指统治阶层为管理一个国家而组织的各种机构，包括立法机关、国家元首、行政机关及司法机关。从世界各国的信息公开立法的实践看，有些国家将法院、议会也包括在信息公开立法的调整范围之内，采用的是大政府的概念。狭义的政府指承担国家行政管理职能的，与法院和立法机关相对应的行政机关。政府信息公开法律制度是以政府信息为对象。从各国及各地区的立法来看，信息公开的调整范围从小到大可以分为四个层次：一是只适用于行政机关，如美国；二是适用于立法、行政与司法等所有的国家机关，如欧盟；三是除了所有的国家机关以外，还要适用于行使公共权利的其他组织，如新西兰和韩国；四是除了国家机关和行使公共权利的其他组织以外，还要适用于一般的企业或者私法团体，如南非。

政府信息不等同于政府所拥有或控制的所有信息，政府在社会生活中扮演着不同的角色，根据其所从事的活动不同，参加的法律关系不同，政府在其中担当着不同的法律主体。例如，政府与公民个人之间签订买卖办公用品的合同是民事行为，与政府的公共管理职能无直接关系。他们之间的商业合同受私法调整，合同的内容是否公开由双方意思决定，不受信息法调整。因此，只有与政府行使公共管理职能相关的信息才是政府信息。

需要明确的是，这里的政府是狭义的政府，包括各级人民政府及其职能部门和依法行使行政职权的授权组织。

我们知道，行政主体理论是整个行政法学体系的一块基石，它对整个行政法学体系起着基础性的整合作用，同时也是构建行政法学其他理论的基础。我国学者对此问题有着较为深刻的研究，也形成了不同的观点。1989年全国人大颁布实施行政诉讼法后，为行政法学界研究行政主体理论提供了一个契机。

目前，占主流观点的现行行政主体理论认为，行政主体是享有行政职权，能够独立对外管理并能独立承担责任的组织，各级行政机关和法律法规授权组织为行政主体的主要形式。我们也赞成这种观点，尽管这与西方很多国家将行政主体划分为国家、地方团体和其他公务组织不同，但是，这与我国的现实理论研究是相吻合的。因而，我们所说的政府与我国大多数学者所说的行政主体的内涵和外延趋于一致，其所需要具备的法律资格要件和组织要件是雷同的。法律资格要件主要是指：政府是一种享有行政职权的组织；它必须是能以自己的名义实施行政活动，并且，必须是能够独立承担行政责任的。关于组织要件，自然要符合行政组织法的要求。由于我国目前的行政组织法尚不完备，我们认为，各级人民政府及其职能部门的组织要件应包括以下内容：其设立有法律依据，属于国务院行政机构序列；行政机关的成立经有权机关批准；行政机关已被正式对外公告其成立；行政机关已有法定编制和人员；行政机关已有独立的行政经费预算；行政机关已具备必要的办公条件。依法行使行政职权的法律法规授权的组织作为政府的一个种类，其应具备的组织要件应是：该组织具有法人资格；该组织是不以营利为目的的事业单位、社会团体和群众组织。

当然，在实践中，对于政府的资格确认，往往侧重于从法律要件上加以确认。具体地说，就是看一个组织有没有行政职权，其行政职权有没有法律法规的明确规定。因而，我们所说的政府主要是指各级人民政府及其法律法规授权组织，这也是本书具体研究我国政府信息公开问题时，政府信息公开的义务主体的范畴。

从世界各国的信息立法情况看，信息公开名称前通常加上“政府”作为定语，也有的直接使用“信息公开法”。不过，不论是否有定语，其调整范围基本相同，公开的都是作为管理主体所收集和占有的信息，是行使政府职能过程中所收集或者产生的信息，而不是一般意义上的信息。只是加上“政府”作为定语，更能与政府信息化和电子政府等提法相匹配，使政府机关加深对政府信息公开制度的认识。

但是，加上“政府”一词，并不必然意味着信息公开的主体只能是政府机关。在我国，“政府”的含义与第一种相近，但还包括法律、法规授权组织。

目前，在我国改革实践中已经广泛推行了“审判公开”“检务公开”和“立法公开”等举措，但政府信息公开立法例不宜将其包括在内，因为在人们通常的观念中，政府机关与立法、司法机关是相对的，将其包括在内必将引起概念使用上的混乱。

（二）政府信息的含义

这里所说的“政府信息”是指政府机关在管理或提供公共服务过程中制作、获得或拥有的信息。

按照行政法学的新管理理论及服务论学说，政府行使职权的过程也就是提供公共服务的过程，在此过程中制作、获得或拥有的信息都是政府信息。同时，本文还认为，政府基于其职权或地位自然拥有的信息也属于政府信息的范畴，它可能存在于政府服务过程中，也可能并不存在于具体的政府管理活动中，而这方面的信息却占有很高的比例。政府信息的来源不同，往往影响着其公开的形式及公开的主动程度。政府的管理或服务可以分为宏观管理与微观管理两大方面。一般来说，来源于政府的宏观管理活动中的信息，相对比较抽象，并不涉及具体的行政管理相对方，如政府部门的某些政策性规定，这些信息大多属于政府依职权主动公开的政府信息，政府要主动公开，并且一般采用出版物、报刊、宣传橱窗、政府网络等方式公开；来源于政府的微观管理活动中的信息，相对比较具体，往往涉及具体的行政管理相对方，这些信息大多属于依申请公开的政府信息，政府具有被动性，申请人对公开的方式有一定的选择权。

信息是多种多样的，广泛存在于自然界、生物界和人类社会中，具有自己的结构和成分。根据产生信息的客体的性质来划分，信息可分为自然信息、生物信息和人类社会信息。我们所研究的政府信息属于人类社会信息的范畴，但是，人类社会信息的范围是非常广泛的，它包括经济信息、法律信息、市场信息、政府信息、文化信息、营销信息、商业信息等多个方面、多个层次，其间也有交叉。政府信息是其最重要的内容之一，它一方面具有信息的三个法律特征，即可管理性、价值性、法定状态性；另一方面，它因管理的主体的不同区别于其他社会信息。在我国，各级人民政府及其职能部门及依法行使行政职权的组织对政府信息章有管理权。其他的社会信息的管理者或享有者是非政府机构，如企业、社团组织等。在这里我们可能会碰到一个有趣的现实问题，那就是，部分非政府信息被政府机构所拥有和管理；部分政府信息却被非政府组织所拥有。这样，政府信息和其他社会信息的界限在一定情况下又显得模糊。为了研究的方便，我们不妨假设一种理想化的状态，即政府信息绝对被政府所掌握和管理，其他社会信息分属于不同的非政府部门掌握和控制。之所以这样假设，一方面交叉情况非常少见和特殊；另一方面，我们研究的结果却是一种普遍性的结论，同样适合指导我们的实际工作。另外，伴随着我国行政主体理论研究的深入，相关的问题也是可以迎刃而解的。

各国关于信息公开立法名称的一个显著区别就在于使用“信息”还是“文件”，即有的被称为信息公开法或信息获取法，有的则被称为文件公开法或文件获取法。不过，无论名称如何选择，都不影响共信息公开制度的内容。从理论上分析，一般来讲，信息必须附着于一定的载体之上，通常就是文件之上，没有载体形式的纯粹信息或消息，政府机关是没有义务提供的。从这个角度来讲，使用“文件”可能更为精确一些。然而，另一方面，申请人真正需要国家提供的并不是所谓的文件，而是文件所包含的内容（信息）。尤其是当一份文件既包含可以公开的信息，又包含不能公开的信息的时候，使用“信息”可以帮助对文件进行分割处理，更能保证申请人权利的实现。我们认为从推进信息化的角度和人们的习惯用法来看，以及从目前政府机关掌握大量信息不能为社会所用的现实来看，使用“信息”更为贴切，也更能反映政府信息资源对于社会进步和经济发展的重要作用。

信息即音信、消息，是现代社会中个人、组织进行活动的基础与原动力，是决定其发展与进步的举足轻重的因素。信息在古代已为人们所重视，及至当代被赋予更为丰富的内涵，从“信息经济”“信息时代”等名词可见一斑。信息的概念可以从两个角度来理解：从客观世界的角度，信息泛指一切事物运动的状态和运动的方式，包括事物内部结构的状态和方式及外部联系的状态和方式；从主观世界的角度，信息是关于事物运动状态和运动方式的反映。信息可分为公共信息和专有信息。公共信息主要是指公益性的信息，表现为同一内容的信息可以为两个或两个以上的使用者使用而不需要附加任何条件；专有信息是指同一内容的信息只为一个占有者使用或占有，如果他人想获取专有信息，必须付出一定的成本。据统计，80% 的公共信息都掌握在政府机关手中，政府机关是社会中最大的信息中心。政府部门在管理国家事务和社会生活的过程中，产生、获取、利用、传播、保存和负责处置的信息即政府信息，它是人们全面考察、评价社会情况，从事政治、经济、科技、军事、文化等活动所必不可少的国家资源，是保证政府尽忠职守、负责工作的一种手段，是政府进行日常管理的基本工具。政府信息包括两方面的内容：一方面是政府机关收集的信息。政府机关进行社会监管和调控，需要收集政治、经济、技术等各方面的信息。由于有国家强制力作保证，政府机关收集的信息全面准确，是极富有价值的社会资源。另一方面是政府机关自身产生的信息，即政府机关制定的规章、条例、规定等规范性文件及针对具体事务的裁定、命令等，这些信息会对公民的预期利益产生影响，指导公民将来的行为。

由于学者们的研究角度和目的不同，对政府信息公开的主体、内容等要素的界定范围各异。“政府信息公开”在我国至今尚未形成一个比较统一的概念，主要有以下几种表达方法：“政府信息公开（有些学者又称政府情报资料公开）是指政府部门通过多种方式公开政务活动，公开有利于公民实现其权利的信息资源，允许用户通过查询、阅览、复制、下载、摘录、收听、观看等方式，依法利用各级政府部门控制的信息”；“政府信息公开的基本内涵是指政府应当将其所拥有掌握的公共信息依照有关国家法律规定及时向公众公开”；“政府信息公开是指行政机关在实施行政行为时，除涉及国家机密、商业秘密和个人隐私之外，政府保有的文件及其他信息应当一律向社会公开”；“政府信息公开就是政府在公共事务管理中掌握的公共信息，依法定的程序、范围、方式、时间向社会公开发布，以便全社会能够方便地获取、使用”；“政府信息公开是指行政机关主动或应相对人的申请使其知晓有关行政活动的情况和资料，否则将承担法律责任”。以上几种表述方式，虽然措辞与视角不同，但都有一定的合理性。表述中涉及的政府信息、面向公众、公开例外、公开方式等构成了政府信息公开的基本含义。具体而言，有以下几个方面：

1. 政府信息公开的义务主体——政府机关

持广义主体论的学者认为信息公开的主体，应依照掌握公共信息的国家机关的范围来确定，即掌握着公共信息的机构就是信息公开的主体。因此，信息公开的主体就是广义的政府，即包括立法机关、行政机关、司法机关及其附属和受其委托行使职权的机关。还有部分学者认为一些企业、事业单位、社会团体也掌握着一定的公共信息，他们对与其利益相关的外部社会成员也应公开其掌握的信息，如校务、医务、社区公共事务等。“所以信息公开的主体，除国家机关外，还应包括这些社会权力组织、公共团体和国有企业。”

我国是人民民主专政的社会主义国家，国家的一切权力属于人民，人民有权了解和监督国家机构的活动，有权利用国家机构掌握的信息资源。如果政府信息对公众过分保密，则与我国国家性质相违背，同时也不利于人民对政府的有效监督和对政府所掌握信息的有效利用。因此，我国政府信息公开的义务主体应当比较宽泛。从整体上讲，应当包括从中央到地方的所有各级政府机构和国有企业、事业单位。对于政府机构中的警察机构、国家安全机构和国防机构，也是政府信息公开的义务主体，至于其掌握的确实不宜公开的信息，可以适用豁免公开的规定而免除公开。

2. 政府信息公开的权利主体——自然人和组织

作为一种重要的国家资源，政府信息是用纳税人的钱生产、收集和加工的，具有全社会所有的公共属性，这就要求政府对可以公开的信息及时开放，使其在尽可能大的范围内供人们利用。政府信息的开放程度已经成为衡量一个国家信息化水平的重要标志。对于政府信息公开的权利主体，各国对此都规定得较为宽泛，如美国用“公众”一词，日本和德国用“任何人”一词，韩国用“所有人民”一词。虽然，各国的法律规定各有不同，但主要分为两类：一类是自然人，包括国内人和国外人；一类是组织，包括国内与国外的法人组织和非法人组织。

另外，在长期的行政管理过程中所形成的“条块分割”状况使得各部门、各地区、各行业、各组织之间信息交流不畅，增加了信息搜集的成本，影响行政效率的提高，也阻碍了经济的发展，因此，在某些情况下，政府部门、行业组织也会成为信息公开的权利主体。

3. 政府信息公开的内容——政府信息

政府信息公开的内容是信息公开制度的核心部分，它直接关系到政府机关对哪些信息负有公开义务，自然人和组织可以对哪些信息拥有知情权。政府信息作为政府机关掌握的为履行职责而产生、收集、整理、储存、利用和传播的信息，涵盖行政程序、会议活动及文件资料等方面。从具体内容看，包括行政法规、行政规章与规范性文件、政府机构职能、人员配置、办公程序、执法依据等信息；从行政过程看，包括决策前信息、决策过程、决策内容及其执行和反馈的信息；从形式上看，不仅包括文字、图表、音像、计算机文件等资料信息，也包括公开举行的会议活动。

政府信息内容庞杂，数量巨大，对于应该而且可以公开的部分，各国立法通常采取正面概括与列举的方式来规定。通常规定行政机关在职务上制作或取得、管理的文书、图画、照片、胶卷、磁带，以及电脑处理的媒体上已记录的事项，原则上都属于公开的范围，然后再从反面规定免除公开的信息范围。

（三）政府信息公开和其他概念的区分

厘清概念是进一步探讨的基础，鉴于我国政府信息公开制度的研究刚刚起步，学术界对一些基本概念的理解尚有争议。下面就政府信息公开与行政行为公开、政务公开之间的差别进行简单区分。

1. 政府信息公开与行政行为公开

行政行为公开是指在行政行为过程中，行政机关将行为实施的依据、过程和结果向相对人公开。政府信息公开和行政行为公开都属于行政公开。二者的联系在于：首先，两者的主体都是行使行政职能的机关和组织，都是通过公民的参与对行政权力进行监督；其次，二者可以互相转化。当把行政行为公开的过程、结果以书面形式记录下来，就成为政府信息的内容。而在行政行为公开时，告知相对人做出某种行政行为的依据或者救济方式，都属于政府信息的范围。二者的区别在于：

（1）公开的方式不同。信息是抽象的存在，因此，信息公开实际上公开的是静态的信息载体。如日本的《信息公开法》规定，作为信息公开对象的行政文件是指“行政机关的职员在职务活动中制作或获得的供组织使用的、由该机关拥有的文书、图画，以及电磁性记录七行政行为公开则是动态的过程。如《中华人民共和国行政处罚法》规定“行政机关在作出行政处罚决定之前，应当告知当事人作出行政处罚决定的事实、理由及依据”。由此看出，两者的区别在于公开方式上是有静态与动态之分的。

（2）公开的对象不同。政府信息公开的对象是所有公民，包括本国公民及在本国居住的外国公民。几乎所有国家的信息公开法都规定，任何人都有获得信息的权利，不仅和文件有关的直接当事人有权申请获得，其他任何人也可以申请得到，没有资格限制。行政行为公开仅限于对利害关系人的公开。如说明理由制度，当行政机关作出对相对人不利的决定时，只需向相对人说明作出该决定的事实原因和法律依据，可以拒绝与其利益无关的其他人的公开请求。

（3）公开的目的不同。二者公开对象的范围差异之大，源于不同的公开目的和权利保护理念。政府信息公开的目的是为了保障公民的知情权这一普遍性权利，进而实现透明行政；行政行为公开的目的在于启动相对人的权利防御机制，保障相对人的利益。行政行为并不构成对相对人以外的其他主体利益的影响，因此，无须向其他人公开。

2. 政府信息公开与政务公开

凡是政治权力行使的事务统称政务，包括国家事务、政党事务和其他社会公共事务等。政务公开是指除了国家规定保密的事项以外的政治事务都向公众公开。政府信息公开与政务公开的区别在于：

（1）公开的主体不同。政府信息公开强调对行政权力的监督，其主体仅限于行使行政职权的机关或组织，在我国主要包括行政机关及法律法规授权的机关或组织。政务公开强调对政治权力的监督，凡涉及政治权力行使的事项都应该公开接受公众监督，所以，政务公开的主体范围广泛。政务公开的主体不仅包括行政机关，还包括立法机关、司法机关、执政党及其他社会组织，也即行政公开、立法公开、司法公开、党务公开都属于政务公开的范围。

（2）公开的内容不同。政务公开是行政公开的上位概念，包括政务信息向公众公开和政务活动过程向利害关系人公开两个方面的内容。政府信息公开主要是满足一般公众对政府信息的需求，行政行为过程的公开不属于信息公开的范围。

随着社会的发展、社会信息化的推进，很多国家、地区及国际组织都先后制定了政府信息公开法，由于不同的政治、文化、经济背景，人们对政府信息有不同的理解，笔者认为政府信息的定义如下：政府信息是指政府所掌握和拥有的信息，具体说来，政府信息是指各级人民政府及其职能部门及依法行使行政职权的其他组织，在其管理或提供公共服务过程中制作、获得或拥有的信息。它涉及立法、行政管理等各领域，覆盖社会政治、经济、科技、文化等各个方面，对公民、法人，以及其他组织的社会生活与经济活动在当今信息社会里有非常广泛的影响。

（四）政府信息的特征

政府信息除了具有一般信息的特征外，还具有它独有的特征。

1. 行政性

在信息社会中，政府作为国家的管理者，在有关公共管理的信息系统中，它是最重要的信源、信道和信宿。作为信源，政府是信息的发出者；作为信道，政府是信息的传播者；作为信宿，政府是信息的接受者。这些过程都与政府的行政行为息息相关，这些信息都是政府在行政执法过程中形成或获得的信息，这些信息都与行政管理事务紧密相关，因此，行政性是政府信息的本质特征。

2. 可靠性

政府信息的可靠性是指政府的信息是真实、准确、适当、及时、可信的。首先，政府信息必须是现实的信息，而不是未来的信息，因为未来的信息是不确定的；其次，政府信息必须是真实的、客观的，而不能是虚假的和杜撰的，否则这样的信息会误导公众，甚至造成社会的动荡；再次，政府信息必须具有一定的新颖性，超过时效的信息会误导公众作出错误的决策；最后，政府的信息必须具有相关性，与公众的生活息息相关，与政府机关的职权与职责及公共利益紧密相连，这样的政府信息才有参考性和指导性。

3. 合法性

政府信息的合法性是指政府信息的来源、内容、形式及获得政府信息的方式和程序必须是正当的，非经正当程序得来的信息，不得记录在案，不得出示，不得公开。政府信息大多是在行政职权行使的过程中，依职权获得的信息，只有职权合法的行使，其获得的信息才具有记录和运用的正当性，这是基本的法律和价值判断的标准。政府信息的合法性特征决定行政主体必须依法行政，不仅遵循行政实体法的内容，而且必须遵守行政程序，即必须按正当程序进行一切行政活动，其所获得的信息才具有合法性。

4. 资源性

政府信息是一种资源，社会公众掌握充足的政府信息，相当于掌握了一种可供利用的资源，可以为自己的社会活动、经济活动提供正确的决策依据，如果缺乏充足的政府信息，社会公众的社会活动、经济活动将会缺乏判断依据。

三、政府信息的分类

目前，我们正处在信息社会，各种各样的信息充斥了人们生活的各个方面。根据产生信息的客体的性质来划分，信息可分为自然信息、生物信息和人类社会信息。我们所研究的政府信息属于人类社会信息的范畴。但是，人类社会信息、政府信息、文化信息、营销信息、商业信息等多个方面、多个层次，其间也有交叉。其中，政府信息是其最重要的内容之一。政府信息公开的内容，即各种政府信息，就是政府在行使职权的过程中，即提供公共服务的过程中，制作、获得或拥有的信息。对政府信息进行合理的划分，有助于社会公众理解政府信息公开的特性，有助于提高社会公众对政府信息的认识和理解。一般地，我们可以将政府信息进行如下划分：

（一）按政府信息的内容不同进行划分

按政府信息的内容不同，可将政府信息分为政府行为本身产生的信息和与政府行为有关的其他信息。

政府行为本身产生的信息是指与政府行为直接相关的信息，它包括作为某项政府行为的起因、过程或结果得到记录的一切与政府行为有直接因果关系的信息。如企业因产品不合格而得到的行政处罚通知书，以及与之有关的公告、行政相对人的行政复议申请书及行政决定书、行政法规、行政规章等。对应的，与政府行为有关的其他信息是指与政府行为本身不存在直接的因果关系，但是，却是在政府行为中得到记录的信息。如职业和年龄是办理结婚证的两项信息记录，户籍登记需要提供详细的住址及身份证号码，企业向工商局申请注册资金的变更，纳税人向税务机关提起纳税申请的个人财产情况，公民就某地发生禽流感向政府提供的报告。

对政府信息作以上分类的意义在于这两种信息的重要性不同，乃至影响它们公开方式的不同。政府行为本身产生的信息一般比较重要，具有公开的必要性，政府一般要主动公开；而与政府行为有关的其他信息，一般属于依当事人的申请才能公开的信息，这种信息不涉及公共利益，只涉及私人利益。

（二）按政府信息来源的不同进行划分

按政府信息来源的不同，可将政府信息分为内源性信息和外源性信息。

内源性信息一般是指政府基于行政职权与行政职责获得或拥有的信息，如各种政策、指令、规划、计划，行政机关制定的行政规范性文件，行政机关行使行政职权记录的信息，行政部门之间传递的行政信息。外源性信息一般是指从政府系统之外的社会环境所产生的信息，如民间信息、私人信息、企业信息、国际信息，这类信息通过各种渠道进入政府部门，是一种重要的反馈信息，是政府决策和改进政策的依据。

这种划分的意义在于不同的政府信息公开的要求不同，内源性信息除特殊情况外，政府机关应主动积极地公开，而外源性信息的公开需要对其进行审查，甄别其真假，特别需要保护行政相对人或第三人的隐私权。

（三）根据政府信息对社会的影响进行划分

根据政府信息对社会的影响，可将政府信息分为正面的政府信息与负面的政府信息。

正面的政府信息一般是指政府在行使行政职权过程中收集与获得的由公民、法人和其他组织提供给政府的能够给社会带来积极的影响，有利于树立政府良好形象、安抚民心的信息，如我国每年的GDP、我国的卫星发射。负面的政府信息一般是指政府在行使行政职权过程中收集与获得的由公民、法人和其他组织提供给政府的可给社会带来消极影响，不利于树立政府良好形象和稳定民心的信息，以及对重大责任事故的责任人的处理、行政决策的失误等。

对政府信息进行此种分类具有重要的意义，不仅只对正面政府信息予以公开，更重要的是要公开负面的政府信息，这样才能使公民、法人与其他社会组织真正了解政府、监督政府，从而发挥政府信息公开的作用。

（四）按政府提供信息的主动性程度进行划分

按政府提供信息的主动性程度，可将政府信息分为主动公开的信息与依申请公开的信息。

主动公开的政府信息是指政府机关主动提供给社会的信息，政府机关在提供信息上具有主动性；依申请公开的信息是指政府机关基于申请人的申请，遵循一定的方法、步骤等提供的信息，政府机关在提供信息上具有被动性。

这两类划分意义重大：主动公开的政府信息与依申请公开的政府信息的划分，有助于研究政府信息公开的范围问题，同时，对政府信息公开的程序问题的研究也有极大帮助。在21世纪，这种划分有助于我们对制度的构建从一开始就定位在要求政府尽可能地提供更多的积极信息上。

（五）按公开的信息价值进行划分

按公开的信息价值，可将政府信息分为积极的政府信息与消极的政府信息。

积极的政府信息是指政府所提供的信息具有社会使用价值，能得到正面的合理利用；消极的政府信息是指政府所提供的信息一般没有社会使用价值，难以开发利用。

积极的政府信息与消极的政府信息的划分也有重要意义，它有助于理解和把握政府信息公开制度的发展趋势，能够解释随着服务行政时代的到来，为什么政府趋于和追求提供更多的积极信息，而在资本主义国家政府信息公开制度的建设初期直至很长的一段时期内，政府所提供的大多是消极信息。

（六）按政府信息所属的领域进行划分

按政府信息所属的领域，可以将政府信息分为政治信息、军事信息、经济信息、科技信息、文化信息等。

政治信息指国家政治活动中产生的信息，如国家领导人的更替、外交关系的调整、条约的签订等，这些信息的公开越来越引起社会的关注。军事信息指关于军队和战争的信息，如新式武器的研制、核试验、恐怖活动等信息关系国家的安全，也是政府信息是否公开的焦点。经济信息指经济活动中产生的政府信息，如国家发展的经济方针政策、法规法令、长远规划、重大部署及经济发展的动态和趋势，本国、本地区的物资市场、资本市场、劳务市场、外汇市场等的现状、动态和趋势，这类信息数据庞大，来源广泛，动态性强，经济价值明显，是政府最需要主动公开的信息。文化信息是指关于文学、艺术、教育和科学事业的信息，它是人类社会发展过程中所创造的精神财富，有利于弘扬民族文化，提高国民素质。科技信息是指关于科学技术进步和研究开发的信息，如科技政策、科技发展战略、科技体制改革、科技成果、技术革新、设备引进、工程建设、计量检测等信息，这类信息信源广泛，传播渠道稳定，信息含量高。

这种划分的意义在于不同的信息社会需求不同，经济信息、科技信息、文化信息比政治信息、军事信息的需求多，因此，决定其公开的程度不同，经济信息、科技信息、文化信息比政治信息、军事信息公开的范围更广、更深。

按不同标准对政府信息进行分类，只是为了更深入地理解政府信息，所以，无论是哪种划分标准，都有可能使不同种类的信息之间产生交叉或重叠。

四、政府信息的信息源

信息系统是由信源、信道和信宿构成的。信息源简称信源，是产生信息的源头，是以一定方式存在于世的信息。根据不同标准，信息源有不同的分类，笔者在此不作一一介绍，仅介绍其中一种分类，即根据信息源的外在表现形式将其分为两类重要的信息源：经典信息源与现代信息源。经典信息源是指传统的文献信息源；现代信息源是指电子信息源和互联网时代的共享信息源。政府信息占整个社会信息的80%，因此，政府信息的信息源也是多样化的。政府信息源也可按此分为经典信息源和现代信息源，并且，这两种信息源在不同时代和地区发挥着不同的作用。这些信息源具体表现在以下七个方面：

（一）图书信息源

图书是一种成熟的定型的出版物，是迄今为止文献的最主要类型，也是文献信息机构收藏的主要出版物。它具有目的性强、稳定性好、系统性强、信息量大的特征，它是积累和储存知识的宝库，是传播信息和知识的重要工具。

（二）报刊信息源

报刊即报纸和期刊。期刊又称杂志，是指那些定期或不定期出版，每期有固定的名称和版式，有连续的序号，发表多位作者的多篇文章，由专门的编辑机构出版的一种连续出版物。期刊是科学技术成就的记载，起着科技档案的作用，在一定程度上可以看成是人类科技发展的完整记录；期刊是一次文献、二次文献和部分三次文献的主要载体，是人类进行科学知识交流的重要渠道；期刊是正式地、公开地、有组织地把全世界科学技术人员紧密联系在一起的媒介。它包括学术性期刊、政论性期刊、行业性期刊、检索性期刊、资料性期刊、报读性期刊、评述性期刊、通俗性期刊、文学艺术性期刊。报纸作为一种特殊类型，它的出版周期短，能以最快的速度报道世界各地发生的最新事件和科学技术方面的最新成果，是承载政府信息的最及时和最便捷的信息源。

（三）科技报告信息源

科技报告最早出现于20世纪初，最初科技报告仅仅是研究或设计单位向提供经费的上级部门提出的关于某项研究或设计任务完成情况及财物消耗情况的总结报告，后来各国增加了科研投资，致使科技报告的数量迅速增加，最终发展成为科技文献的一大门类。科技报告在形式上比较特殊，每份报告自成一册，篇幅长短不等，有连续编号，装订简单，出版发行不规则。在内容上，科技报告比较新颖、详尽、专业，可以包括各种研究方案的选择与比较和成功与失败两方面的体会，还常常附有大量的数据、图表、原始实验记录等资料，科技报告发表比较及时，报道新成果的速度一般快于期刊及其他文献。现在，一般的科技报告都处于政府控制的状态，仅有一小部分公开或半公开，是一种“难得文献”。

（四）会议资料信息源

会议资料是指在国内外各种学术会议、行政会议及其他会议上所宣读、发表或提交的论文、报告、讨论记录等文献资料。美国1976年制定了《阳光下的政府法》，专门规定合议制行政机关的会议必须公开，公众有权列席会议，取得会议信息。会议信息是一种重要的政府信息源。

（五）标准文献信息源

标准文献是指标准化组织或有关机构对工农业产品和零部件的质量、规格、生产过程及检验方法等所作的技术规定，是从事生产和建设的一个共同依据。按照审批机构和应用范围的不同，可将标准划分为国际标准、区域标准、国家标准、部颁标准、企业自定标准等，按内容划分有基础标准、产品标准、方法标准。这些标准是重要的政府信息源。

（六）专利文献信息源

专利文献主要指专利说明书，专利说明书是指个人或企业为了获得某项发明的专利权，在申请专利时必须呈交的有关该发明的一份详细技术说明书，它说明该项发明的目的、用途、特点、效果，以及采用何种原理或方法等方面的内容。这类文献用于科技创新，从别人的发明或设计中得到启发，避免对研究和生产的重复投资，少走弯路。专利文献也是政府信息的重要组成部分。

（七）档案信息源

《档案著录规则》（1985年）中写道：“档案：国家机构、社会组织和个人从事政治、经济、科学、文化等社会实践活动直接形成的文字、图表、声像等形态的历史记录。”档案是历史的真实凭证，是第一手的参考资料，具有原始性和可靠性。档案包括行政档案、技术档案、财务档案、人事档案、物资档案等，因此，它是最基本的政府信息源。

上面介绍的七种信息源都属于经典的、传统的政府信息形式，随着信息技术的发展，以电子计算机和数据库为代表的电子信息源和网络信息源已开始冲击传统的政府信息源。现代信息源种类繁多、形式各异，但基本上可以分为联机存取的和单独发行的，前者以数据库和网络为基础，以计算机主机硬盘或光盘为存储介质，通过联机方式向用户提供服务，后者则以可读磁带、软磁带、只读光盘、集成电路等为载体，如数据库、光盘出版物、电子图书、电子报刊、电子会议记录、缩微资料、多媒体和视听资料、网络信息。这种现代信息源成为很多国家政府信息公开的主要信息资源。

五、政府信息公开的概念

政府信息公开是指行政法规、规章、行政决策、行政决定及行政机关据以作出相应决定的有关材料、行政统计资料、行政机关的某些办事规则及手续等涉及行政相对人义务者，只要不属于依法应保密的范围，行政机关和其他有关机构都应向社会公开，任何公民、法人和组织均有权依法查询和复制。即行政机关和其他有关机构有义务将在行使国家行政管理权过程中取得或做成的与行政事务有关的文书资料等信息主动或应请求向社会公众公开的制度。

法律制度之间需要一个法律原则来统摄，反之，法律原则也需要法律制度来体现。法律制度由一个法律原则统摄是法律制度之间互相匹配的前提，而法律制度之间相互匹配对于法律原则作用的发挥来说非常重要。法律原则与法律制度，两者具有互相依存的内在联系。

行政公开原则通过一系列法律规定予以制度化、具体化。从各国法律规定来看，行政公开原则的制度构建由两部分组成：一是具体行政程序中行政机关向个案当事人或利害关系人公开的制度；二是一般社会民众对政府文件的了解和获取相关信息的制度。前者主要由行政程序法规定，阅卷制度和行政说明理由制度、行政告知制度等行政公开制度已成为各国行政程序法所规定的普遍制度，是当事人在行政程序中所享有的程序权利；后者则主要规定在专门的单行法律中，如政府信息公开法等，即政府信息公开制度。

要了解政府信息公开制度的基本内涵，必须先明确政府信息与公开的各自内涵，上面已解析了政府信息的基本内涵，下面界定公开的内涵。

（一）公开的含义

政府信息公开的重心体现在公开上，而公开有何意义呢？按照《现代汉语词典》的解释，公开是指“①不加隐蔽；面对大家（跟“秘密”相对）。②使秘密的成为公开的”。政府信息公开要求对政府信息不加隐蔽，所以，在本质上，政府信息具有“不加隐蔽性”；公开一词也可作为动词使用，“使秘密的成为公开的”指的是一种行为，因而政府信息公开也是一种行为的过程。各国和地区由于法律文化的差异，在信息立法中，使用了与“公开”类似的称谓，即信息“自由”或信息“获取”。虽然称谓不同，但并不影响各国信息公开制度的构筑。“自由”着重反映的是信息申请者的主观权利，“获取”强调的是得到信息的客观结果，而“公开”强调的是政府机关的主动义务。

于是，政府信息公开便有了两层含义：一是指政府信息的属性是公开的；二是指政府信息必须对外加以公布。

政府信息公开体现的是一种政府与公众之间的互动，实际上包含了两个层次的含义。其一，政府向公众通知其管理行为的程序性要求，此即所谓的政府通知义务；其二，指公民和组织了解政府管理行为的权利，即所谓“知情权侧重于从政府主体的角度出发，强调政府部门的义务；后者则从公众角度出发，强调公众的权利。政府的通知义务和公众的知情权利相互对应。一方面，通过政府的通知义务，实现公众的知情权；另一方面，通过赋予公众知情权，监督政府的权力行使，从而使两者处于平衡状态。归纳起来，从外部来看，政府信息公开指的是行政法制所处的一种状态；而从内部来看，政府信息公开指的是行政法制的基本属性，其内容包括两个：政府通知和公众的知情权。由此可以导出政府信息公开应有的两种最基本的公开形式：一为政府的主动公开；二为应公众申请的公开。

（二）政府信息公开的含义

政府信息公开是第二次世界大战以后行政程序法发展的重要方面，20 世纪 60 年代在国际上形成高潮，是当代公共行政的重要制度。

政府信息公开是指国家行政机关和法律、法规授权和委托的组织，在行使国家行政管理职权的过程中，通过法定形式和程序，主动将政府信息向社会公众或依申请向特定的个人或组织公开的制度。

政府信息公开有广义和狭义之分，广义上的政府信息公开主要包括两个方面的内容，一是政务公开，二是信息公开；狭义上的政府信息公开指政务公开。政务公开主要是指行政机关公开其行政事务，强调的是行政机关要公开其执法依据、执法程序和执法结果，属于办事制度层面的公开。而广义上的政府信息公开的内涵和外延要比政务公开广阔的多，它不仅要求政府事务公开，而且要求政府公开其所掌握的“其他信息”，即政府在其行使行政职权过程中获得的信息，属于一种权利型公开。

政府信息公开的含义，学术界的称谓和认识不尽一致。有的学者称，政务公开是指除了国家规定保密的事项以外的政治事务（包括国家事务、政党事务和其他社会事务等）都向公众公开。

这是一个范围最广的定义。有的学者称，行政公开是指行政主体在行使行政职权时，除涉及国家机密、个人隐私和商业秘密外，必须向行政相对人及社会公开与行政职权有关的事项。有的学者称，行政公开制度是指行政主体在实施行政行为的过程中，除法律规定的情形外，必须将其行政行为公开于社会和相对方，让其知晓和了解相关情况的一种制度，内容十分广泛，主要包括法律公开、情报资料公开、行政决定公开、程序公开、公务员的相关情况公开。这一概念较为狭窄，主要是行政行为的过程的公开。

政府信息公开是政府权力运行过程或其结果的表现形式，无论是政府信息的产生还是政府信息的公开都离不开行政权力，因此，政府信息公开具有鲜明的行政性；政府信息公开具有一定的有限性，并不是所有的政府信息都能公开，政府信息公开不能以损害国家利益或者他人利益为前提，基于行政公开所获得的公共利益必须和基于不公开所获得的公共利益相互平衡，各种利益相互平衡是社会生活的重要基础。

（三）政府信息公开的分类

政府信息根据不同的标准可以分为以下几类：

①主动公开与依申请公开

政府信息公开根据信息公开的主动程度，可以分为主动公开与依申请公开。主动公开是指行政机关及其他法律、法规授权的组织主动公开其拥有的政府信息的行为。

主动公开的信息的范围一般要有明确的法律规定，行政机关及法律、法规授权的组织有主动公开的义务，如果行政机关及法律、法规授权的组织不予以公开法律明确规定应该主动公开的信息，将要承担法律责任。

属于法律规定可以公开的信息，行政机关及法律、法规授权的组织作出准予公开的决定，否则，也要承担一定的法律责任。公民、法人或其他组织如果对不予公开的决定不服，可以启动救济程序。

设立公正、合理的依申请公开行政信息的程序，对保障知情权的实现具有重要意义。

②全面公开与限制程度的公开

根据阅览政府信息对象的不同，可以把政府信息公开分为全面公开与限制程度的公开。政府信息公开主要是面向社会公开的，如果阅览信息的对象是社会全体公民，那么，这种公开就称作全面公开；如果阅览信息的对象受到限制，这种公开就称作限制程度的公开。全面公开是政府信息公开的主要形式，但是有一部分则是属于限制程度公开的信息，如依申请公开的个人档案中的某些信息就属于限制公开的范围，有些信息只能在特定的范围里传播。

比较各国的政府信息公开制度，无论基本理念与具体规则存在何种差异，都有一个基本框架是除外事项的规定。之所以有这种共同性，是因为现实法律世界是一个权利相冲突的世界。就政府信息公开制度而言，其可能与国家秘密、商业秘密、个人隐私、行政过程等发生冲突。在保护知情权利的同时，也必须对相关的利益加以保护，尤其是满足知情权的公共利益必须和不公开的公共利益相平衡。各种利益的平衡是社会生活的重要基础。因此，“情报的公开和不公开同时构成情报自由法的主要内容，是同一事物的两个侧面。这两个侧面构成矛盾的对立和统一。在这个矛盾的统一体中，政府信息公开是主要的矛盾，起主导作用。公开是情报自由法的主要目标，免除公开起制约和平衡作用”。在除外事项的确定上，各国普遍采用明确规定除外事项的类型的立法例。该种立法例的好处在于：行政机关可依据不公开信息的种类，限于法律“明白”规定免除公布和公开的种类；而对不属于这些种类的信息，行政机关不能拒绝公开。

③全部公开与部分公开

全部公开与部分公开也称作整体公开与局部公开。它是根据所公开的政府信息内容的完整性程度来进行的划分。如果一条政府信息的全部内容得以公开，就称作全部公开；如果一条政府信息仅有其部分内容得以公开，则称作部分公开。就一条完整的信息而言，既可能是依据法律可以公开的信息，也可能是依据法律属于例外信息不能公开的信息，这是一种情况。另一种情况是，一条完整的信息，部分内容可以公开，部分内容则属于例外信息，不能公开。这样，就存在全部公开与部分公开这一分类。这一分类告诉我们，尤其是告诉政府机关及其工作人员，判定一条信息能否公开，不能简单地一刀切，还必须注意分析整体信息的内容。可以全部公开的信息应予以全部公开，可以部分公开的信息应予以部分公开。既不能以部分内容不能公开为借口，不予公开可以公开的信息部分，侵犯公民的知情权；也不能以部分内容可以公开为借口，公开全部信息内容，侵犯国家的秘密。

（四）政府信息公开制度的特征

①权利导向

政府信息公开法律制度以公众获得政府信息权为基础。政府是否应当向公众提供政府信息，不是由政府的权力决定的，而是由公众的权利决定的。从原则上来说，在政府信息公开法律制度下，不是政府想公开什么信息就公开什么信息，而是公众需要什么信息，政府就必须提供什么信息。公众的知情权导向政府信息公开的范围和内容。

②管理相关

政府信息是一种与政府行使公共管理职能相关的信息，包括管理行为本身产生的信息及通过管理行为获得的信息。无论是哪一种政府信息都离不开政府的公共管理。换言之，一切与公共管理活动无关的信息都不属于政府信息，都不在政府信息公开法律调整的范围之内。

③法律规范

从各国的实践来看，规范政府信息公开的手段通常表现为两种形式：一是政策，二是法律。政策在各国政府信息公开法律制度的发展过程中起了重要作用，为政府信息公开法的制定奠定了基础。例如，英国 1994 年生效的《获得政府信息实用手册》，是英国制定《信息公开法》前调整政府信息的行政政策。但法律是世界各国规范政府信息公开的主要手段，各国通常是通过制定政府信息公开法及相关法律，建立政府信息公开法律制度。

④现实存在

政府信息公开法律制度中，所涉及的信息必须是现实存在的信息。它包括两层含义：一是政府信息必须是现实的信息，而不是未来的信息，未来的信息是不确定的，不具有可提供性。二是尽管是现实的信息，但是政府机关并不持有，或者不能控制，那么，这样的信息也不能成为信息公开法规定的信息。

⑤载体依托

政府信息公开法律制度中的信息是有载体的信息。没有载体的信息是不确定的。因此，在构建政府信息公开法律制度时，要求政府公开的信息必须是有一定载体固定的信息。有的国家或地区的信息公开立法的名称为信息公开法或信息获取法，有的则称为文件公开法或文件获取法。由此也引发了我国学术界关于信息公开是公开信息还是公开信息的载体的争论。笔者认为，信息公开制度的本质是公开相关的信息内容。可以说，载体是形式，信息是内容，内容是根本。但是，内容是抽象的，必须借助于载体这一形式。因此，没有载体形式的信息或消息，政府机关是不可能提供的。

第二节　政府信息公开制度的意义

信息公开程度是国家民主法治程度的一个标志，信息公开是一种世界潮流。但是，制度的确立不仅要适应世界趋势，更要适应自己的国情。所以，要结合我国当前的实际情况对政府信息公开的必要性做认真地探讨，避免过于盲目设立没有实际作用的制度，浪费人力、物力。

在封建专制社会里，“民可使由之，不可使知之”，形成了“刑不可知，而威不可测”的传统，政府信息全部归国家所有，不公开是原则，公开是例外。政府信息公开制度的建设是一场思想观念的革命，而观念的扭转不是一朝一夕的事。一方面，对于政府来说，必须改变那种“民可使由之，不可使知之”的传统观念，改变那种对人民不信任的态度，改变那种全能主义政府的“官本位”观念。所以，实行信息公开制度的根本所在，是要改变政府垄断信息的观念，只有这样，政府信息公开才能真正实施，并获得持久的生命力。另一方面，对于民众来说，只有提高自身权利意识，明白政府信息的公开并不是政府的赐予，而是公民享有的基本权利，才能真正地推动政府信息公开制度的建设。尽快建立我国政府信息公开制度的重要性主要表现在以下几个方面：

一、信息化要求实现政府信息资源的自由流动

在信息时代，以知识、信息为基础的知识经济、信息经济正在成为新经济的特征。在科学技术高度发展的今天，虚拟经济、数字空间等形态都以通信网络、计算机网络为依托迅猛发展起来，对经济的增长和社会的发展产生了革命性的影响。科技和网络对政府产生巨大的冲击。由于政府是社会中最大的信息所有者和控制者，因此，实现信息化或者信息社会的前提是政府信息公开，使行政信息资源能够得到有效的开发和利用。在经济

发展过程中，政府起着重要的主导作用，政府信息的发布、传输，对于经济的发展有着至关重要的意义。作为一种公共资源，政府所拥有的公共信息必须得到自由的流动，以便为公众开发利用，进而产生巨大的效益。从这种意义上来说，政府也就是一个最大的公共信息聚散地。在这里，各种信息通过多种渠道汇集到政府手中（即“信息输入”），经过加工、处理等工序后再扩散至社会（即“信息输出”）。如此循环往复，政府的所有公务活动就可以微缩为一个“信息输入—输出”的过程。在这一过程中，信息的输出是不可缺少的重要环节。否则，公共信息的不透明、不流动就会造成信息的严重扭曲，其结果必然会增加市场主体的交易成本、抑制公民个人的发展、诱使政府利用所掌握的公共信息进行寻租，甚至还会危及政府自身的管理。很显然，在一个信息化时代已经来临之际，政府是绝不能单方面垄断、封锁其所掌握的公共信息的。

在现代社会，信息是一种重要的稀缺资源。随着信息革命的深入和全球化知识经济的发展，各国在资源上的竞争日益激烈。“信息作为一种有重要价值的资源也日益成为各国争夺的目标”，信息革命还带来了管理的大发展和大变革，主要表现在转向以信息为中心的管理，各国出现了行政决策与管理的信息化。在这种大背景下，行政信息资源公开的立法，不仅使人们获得了更大的自由度，而且为利用行政信息提供了机会，保证公众可以方便而且平等地享用巨大的行政信息资源，从而增强国家实力，促使国家经济的更快增长。

“联合国经济社会理事会不仅把推进发展中国家政府信息化作为今后的工作重点，而且希望通过信息技术的应用改进政府组织，重组公共管理，最终实现办公自动化和信息资源的共享。”社会信息化、信息社会化，这是时代发展的一种特征。社会信息化、信息社会化的前提是充分实现资源共享。但是，信息资源的自然状态是大量而无序的，“信息资源要真正实现共享，促进社会与经济的发展，必须走上法制化的轨道”。由于行政机关是最大的信息所有者和控制者，国家信息化或者信息社会化的前提是行政信息化，而行政信息化的核心是行政信息资源的有效开发和利用。所以，政府信息公开制度成为一种世界潮流。

为了适应世界潮流，中国政府开始了政务公开的实践。“政务公开作为执政党的基本政策虽然被正式表述在中国共产党第十五次全国代表大会政治报告中，但是其形成至少可以追溯到1987年中国共产党第十三次全国代表大会。”我国的政务公开的基本含义不同于法学、政治学界经常基于纯学术标准而将政务、政务公开仅限于国家行政机关的狭义理解；而是基于我国政治体制改革和全面建设社会主义法治国家的实践要求，使政务公开包括了执政党与国家权力机关、司法机关、政治协商机关及村民自治组织在内的全部国家政务和群众基层自治组织工作与活动中的公开问题。由于政务公开的含义广泛，实践中推行的各种形式的政务公开制度往往具有各自为政的特点，相互之间缺少统一性和协调性，具体做法也不一样，甚至在名称上都无法统一。所以，根据改革和发展的需要，总结政务公开实践中的各种经验，通过信息公开法律来规范和统一各种形式的政务公开制度，是不容忽视的问题。1999年初开始的政府上网工程是实行政务公开的重要措施。“政府上网即政府把为实现对社会的管理职能和服务职能而登录、收集、整理的有关文件、资料及其所承担的职能、职权、职责、事务处理标准、办事程序等情况通过电子网络向社会公开。”通过网络公布信息涉及网络安全及国家秘密的保护等问题，所以，各国都对电子情报作了必要的法律规范。政府上网工程的出现及对其加以制度化和法律化成为我国逐步构筑起中国的政府信息公开法律制度的契机。

把信息资源比喻为可以共同分享的“苹果”。在物质资源转移的过程中，供体向受体供给某种物质资源，在接受者获得这种物质资源的同时，供给者必然会失去它。在苹果的买卖中，买方买去了这只苹果，卖方就失去了这只苹果。“但在信息资源的转移中，供体向受体供给一条信息，受体获得了这条信息，供体却并未因此而失去这条信息。在‘信息苹果’的买卖中，买方买了一只苹果，卖方收了款，支付了苹果，但却仍然拥有这只苹果，所以，照此逻辑推断，就很难说信息资源在使用过程中会有什么损失。从一定意义上，可以认为信息资源是不可消耗的资源。”“信息资源在使用中不仅不会减值，而且会增值，信息资源越使用越多。”政府是最大的信息收集者，而我国长期以来很多的政府信息处于非公开状态，这种重要资源被闲置或半闲置，是严重的浪费。信息化时代要求政府收集、生产、占有的信息资源应该公开，使其自由流通，减少信息阻塞、浪费的现象，降低社会运行的成本，满足社会各界对信息资源的需求，充分发挥政府信息资源的作用，实现政府信息资源的共享。

二、政府信息公开是公民行政参与的需要

政府信息公开是我国宪法规定人民参政原则的根本要求。我国宪法规定了人民参政的原则，行政过程的公开化、合理化及民主化的法理，正是我国宪法理念的具体反映。现代社会，公民参与政府管理和决策的程度日益提高，政府不再依赖单纯的行政命令，更多的是政府机关与公众之间的信息沟通交流。

政府信息公开既包括政务公开，也包括政府掌握的信息的公开，前者体现的是政府行为过程的公开，这种公开是公民参政的重要途径。政府的行为过程的公开主要是指政府的外部行政行为的公开，政府的外部行政行为可以分为抽象行政行为和具体行政行为两种。针对抽象行政行为而言，它所涉及的是不特定多数人的利益，公民的参与意见是十分重要的，这有益于决策的民主化，有益于提高决策的正确性。这个参与意见的过程是公民参政的一种重要方式。具体行政行为要涉及具体特定的公民在此行政权力运作的过程中，行政过程的公开、利害关系人的参与是公民参政和防止腐败、提高效率的重要保障。一个个具体行政行为公开的过程，正是广大

人民群众在行政领域参政的最好保障和实践体验。

在国家的管理活动中，作为个体的公民是很难直接参与具体的国家管理活动的，而根据社会契约论和代议制政府的理论，国家又是自由的人民自由协议的产物。“我们每个人都以其自身及其全部的力量共同置于公意的最高指导之下，并且我们在共同体中接纳每一个成员作为全体之不可分割的一部分”，由此，由全体个人的结合所形成的共和国诞生了。人民如何管理国家呢？人民通过其选举的代表通过一定的国家机构来管理国家，作为人民的个体通过其代表发挥着其管理的作用。这种作用的发挥采取的就是参与的形式。公民通过国家机构间接地参与国家的管理活动，这是民主制国家的普遍做法。但是，随着社会的进步，经济的发展，人民对其民主权利的要求越来越高，人民已不满足于这种间接地参与管理的方式，越来越多事件的产生和决策是经人民直接参与管理活动的结果，而这种直接的方式与社会经济、民主的发展是相辅相成的，具有更高的民主价值和效率。

现代社会是信息的社会，谁掌握了信息，谁就掌握了先机，就可以通过对规则的掌握控制信息的传播方式、流向及范围，以此决定利益的分配结果。国家行政机关与普通公民相比具有客观的信息优势。前者不仅充分、准确地拥有法律、政策信息，而且，对相关的事实依据也掌握得更加全面。国家行政机关不仅掌握己方的信息，而且，占有公民个人的信息，这种占有是单方面的、强制性的，甚至公民本人并不知情。国家行政机关往往单方面为公民设定义务。单方面的行为合法，其公正性无法得到保证。信息的不对称加深了国家行政机关与公民个人的不平等，没有对信息的足够把握，公民个人无法明确法律为其设定的权利、义务，以及设定此权利义务的法律根据和事实根据，没有机会也没有能力争取属于自己的利益。

我国现行《宪法》规定：“国家的一切权力属于人民。”主权在民是针对封建专制主义的“主权在君”而出现的，它是现代民主的理论基础，也是现代民主的根本原则和灵魂。根据这一原则，人民是国家的主人，行政官员是人民的公仆。作为人民民主专政的社会主义国家，政府信息公开是人民确实行使民主权利的要求。大至国家领导人选举，小至物价波动，人民有权知道信息，并据此作出自己的判断。

作为国家的主人当然有权利监督各行政机关。“失去制约的权力必然导致权力的滥用，失去监督的权力必然导致权力的腐败，在现代民主制度下，监督权具有与选举权同样重要的性质。监督权的行使在时间上具有持续性，在空间上具有广泛性，其内容与形式丰富多样，是国家为人民所有、为人民所用的重要保证。政府信息公开是公民行使监督权的前提。行政机关透明度愈高，公民实行监督的可能性就愈大。政府信息公开是保护公民权利的最好途径。公民只有知道自己有什么样的权利，怎样才能保护自己的权利，他们才能有效地为维护自身权利而斗争。”只有实行信息公开，给公民以充分了解行政机关及其工作人员活动的机会，才可能使公民有效行使监督权，实践证明，信息的不对称性导致干群沟通渠道不畅，甚至出现暗箱操作、信息寻租，致使腐败易生，民众对政府信任感降低。这是一个负责任的政府必须正视和解决的问题。“要解决这种信息不对称，需要多种制度，如政府信息公开法。”

政府信息公开是防止腐败，减少“权力寻租”的治本之策。政府行政机关的行为可以分为羁束行为和自由裁量行为。羁束行为是法律严格规定了实施条件的行为，行政机关只能严格按照法律的标准执行而不能有行政机关的自由意志。而自由裁量的行为是“在特定的情况下依照职权以适当的和公正的方式作出的行为”，或者说是公务人员根据自己的最佳判断而采取的行为，行政机关所拥有的自由裁量权使行政机关的管理行为有能动性。行政的能动性有利于实现行政管理目标，但是，由于公务人员个人的判断因素的影响又有滥用自由裁量权的危险。无限制的自由裁量权是一匹脱缰的野马。为了能够有效地束缚政府行政机关不滥用自由裁量权，最好的办法就是建立政府信息公开制。

杰弗逊说:“阳光能杀病菌，路灯可以防小偷”是颇富哲理的。政府建立信息公开制度，一切腐败行为就难以滋生蔓延，也较易发现与整治。总之，“只有公开，才能把党政机关和工作人员的活动置于众目睽睽之下;才能形成公务员廉洁自律及接受人民监督的良好局面”。

当今已是新经济时代，即信息经济时代，这是人类历史上一次社会生产方式的革命，它代表人类社会经济发展史上的又一次大变革，是一次影响深远的经济转型，即从工业经济社会向信息、数字和知识经济社会转变。在这种经济形态中，信息成为继人、物之后支撑经济发展的关键因素，成了最重要、最稀缺的社会资源，有着潜在的巨大的经济价值，及时获得有用信息，可以抓住时机，创造物质财富。这一点已被经济学家和社会实践所证实。政府信息作为信息的重要组成部分，也对经济的发展起着巨大的推动作用。所以，如何利用这些信息是非常重要的问题。

为了促进经济的快速发展，发挥政府信息应有的社会经济效益，政府应该实现政府信息的资源共享。同时，政府信息是典型的公共产品，公共产品的特性也要求其实现共享，服务社会公众，以实现其效益的最大化。要做到政府信息资源的共享，就要流动，而流动的前提是政府信息公开。目前，利用科学网络技术，在网上公开政府信息，加快电子政务的建设是实现政府信息资源共享的最佳途径，而这些正是政府信息公开的具体表现。

因此，彻底贯彻行政公开原则、切实保障公民的知情权、完善政府信息公开制度、加速政府信息流动，有利于改变目前这种政府信息闲置的状态，使政府信息充分为社会所利用，有效地促进经济发展，创造巨大的社会经济效益。

公民参与，不仅指公民的政治参与，即由公民直接或间接选举公共权力机构及其领导人的过程，还包括所有关于公共利益、公共事务管理等方面的参与。信息的获取不仅是为了方便参与，更是一项权利，这一点会对公众产生很重要的心理影响，使人们形成一种公民意识而不是臣民或外人的感觉，达到信息促进一种意识的形成：社会就会由它的人民构成，包括掌权者和公众。一个不遵守信息公开义务的政府，是一个不自信的政府，也是一个不明智的政府，因为它低估了信息的传播能力和民众的认知能力。公众参与是一种“大规模建设性武器”。一旦了解信息，公民就具有了行动的力量，推动社会的前进。公民有序参与公共管理要求公民充分掌握信息并实现公民与政府间的信息对称。政府作为主要的公共管理行为主体，在获取信息上具有天然的优势，政府为防止因信息公开而损害自身在整个社会中的权威性和合法性，就可能不会对社会公布一些对自身不利的消息，甚至动用行政手段来封锁一些信息。在现代政府实施职能转换的过程中，用法制限制政府的行为，要求政府机关必须公开行为过程、行为结果，特别是涉及公民利益的行为。信息公开满足公民的知情权，能增强政府的合法性和权威性，从而也增强政府机关与公众的沟通与交流，促进双方的信任，使双方的利益最大化。

政府信息公开不仅是公众进行行政参与的前提条件，而且也影响公民的日常生活，也是公民生命和财产安全的重要保障。例如，公民不知道市政规划，就无从决定投资地点。中央减轻农民负担的文件公布后，有些地方政府没有宣传中央的文件，农民不了解这些信息，所以负担依旧。这种情形在农村较为严重，因为信息较为闭塞，他们不了解自己的权利状况，如有什么权利、权利是否遭到了侵害、侵害的程度、如何救济等，所以，他们的生命、财产也容易受到损害，难以得到保障。信息公开可以增强农民的权益观念，增强其保护意识，从而维护其合法利益。

三、政府信息公开是WTO对政府透明度的要求

（一）WTO透明度原则的要求与我国政府对行政公布的承诺

透明度原则是GATT和WTO在货物贸易、服务贸易和知识产权保护中普遍实行的一项基本原则。随着1995年WTO的成立，透明度原则形成全面的系统规则。透明度规则体现在世贸组织的三个总协定和若干个具体协定中，它要求世贸组织成员有义务将现行有关世贸组织的法律、法规、政策或其他措施（其中包括司法机关的判决书和司法解释）及时公开公布，以使世贸组织和各成员方清楚了解。同时，世贸组织成员还有义务在其他成员方要求时，提供有关法律文件的文本或在规定的时间内对有关咨询问题作出权威性的答复。

概括起来，透明度原则包括四项制度：①公布义务；②成员方向。机构和成员方的通知义务，在WTO的多边协定中，共计有215项通知义务；③设立咨询点的义务，咨询点应便利地向其他成员及其贸易商提供各种信息，特别是关于卫生和产品标准的信息；④1989年GATT通过的《贸易政策审议机制》建立了透明度原则的监督机制，要求成员方定期向理事会通过其贸易政策，以促进成员贸易政策的透明度。1986年我国申请加入关贸总协定以来，加强政府透明度一直是多边谈判的主要议题。我国加入WTO的第一个条件就是政府行为公开。

在2001年11月10日制订的《中华人民共和国加入WTO议定书》中，我国政府对WTO透明度原则中的公开义务、设立或指定咨询点提供咨询的义务、通知义务，以及公开中的预告义务作出了承诺。根据WTO透明度原则与我国加入WTO议定书对信息公开的要求，公布的范围不仅仅局限于法的表现形式，还包括“其他措施”，即只要是普遍适用的政府措施都要公开，否则会影响到它的效力。这意味着，入世后我国政府首先面对的是政府信息公开。

信息公开既是 WTO 透明度原则的要求，同时也是 WTO 平等竞争、自由选择的贸易规则的必然要求。有学者将 WTO 形容为："它是一个贸易规则，这个规则的基础就是平等竞争和自由选择。"它要求每一成员方创造适应多边贸易的平等竞争和自由选择的市场经济环境。从市场经济规律看，经济贸易的发展、企业商机的发现、企业合法权益的保护、消费者权益的实现、政府公共服务质量的提高，都离不开及时取得准确信息。信息是个人、社会组织作出选择和决策的基础。在信息封闭的社会条件下，难以避免政府挟权力以进入市场，以及各种暗箱操作。唯其信息公开，让市场经济主体平等地享有取得政府资料信息的机会，才可能有平等竞争的规则和环境。

WTO 是一个国际性经济组织，但是它对各成员方的影响并不局限于经济领域，它将对我国社会民主政治、市场经济、文化领域产生巨大而深远的影响。WTO 的加入，对我国行政公开、信息公开形成直接的压力，将推进我国信息公开制度的建立。WTO 的一系列规则，就其实质而言乃是超越了国界的在整个世界范围内的自由市场经济的反映。因此，我国加入 WTO，迫切地需要健全和完善与 WTO 规则相适应的经济行政法制。这是因为，加入 WTO，必然要求我国政府的经济管理及其运作方式必须符合 WTO 规则体系的要求，必然要求我国的经贸法律、行政法规、政府规章和政府的经济管理行为及企业的经营行为都要与 WTO 规则的要求相一致。

总之，WTO 规则在性质上属于行政法范畴。在对 WTO 的性质有一个明确的认识后，中国政府如何履行其国际承诺，就成了当今中国行政法中一个迫切需要解决的重大课题，中国的行政法制建设也有了一个明确的发展和改革方向。

（二）加入 WTO 对我国行政程序法的影响

我国行政主体的行政活动无论是在实体方面还是在程序方面都应符合

WTO的要求。总的来说，根据WTO协议的有关规定，应以统一、客观、公正和合理的方式实施相关的法令、条例、判决和决定或从事管理活动。在实体方面，各种行政措施的实施应符合WTO协议所设定的基本义务与具体义务要求，如《关税与贸易总协定》要求国内税的征收应受协议规定的约束，国内物价最高限额的管理应考虑出口缔约国的利益；在程序方面，行政机关应遵守WTO要求的公正、透明、通知及其他国内行政程序义务的规定。加入WTO后，中国行政程序法方面需要重点改进的主要有：强化行政公开制度解决。

透明度原则是WTO重要的基本原则和追求的主要目标，我们必须重视这一原则对我国加入WTO的影响，并提出相应的对策。WTO规则是各成员方政府参与和制定的，它约束的主要对象是行政机关及其行政行为，从某种意义上说，WTO规则属于国际行政法的范畴。所以，我们要特别重视我国行政制度的创新以适应WTO规则，其中为适应WTO透明度原则的行政公开制度的创新当是应有之义。基于其重要性，笔者试就此原则对我国行政公开制度的影响进行初步探讨。

① WTO透明度原则对我国行政公开制度的直接影响。从WTO透明度原则的规定我们不难看出，它首先直接为成员方设定了国际透明义务。所谓国际透明就是WTO各成员的法规、政策对其他成员应当公开、透明，包括制定贸易法规、政策的过程和结果都应当公开、透明。WTO对申请加入者也限定了必须履行国际透明义务的先决条件，所以，自我国进行复关和入世谈判以来，贸易法规、政策的国际透明一直是谈判的重点。我国原来实行的是计划经济体制，"条条""块块"的行政管理制度和多头立法是其重要特征。在这样的体制下，立法和行政管理缺乏统一性和透明度，有些部门、地方基于自身的利益，颁布和实施法规、政策，甚至大量地表现为内部文件，各部门、各地方的法规、政策发生冲突就不可避免了。所以，改革开放以来，特别是为适应复关的需要，我国为改革这种体制进行

不懈努力，并且取得了一定的成就，但是距离GATT的要求还有一定的差距。总之，作为参加总协定标准的透明度是十分重要的，在这方面中国应改善其贸易制度的透明度。针对这些问题，我国加大了外贸制度改革的力度，对外贸法规、政策进行了废、改、立活动，并建立了以《对外贸易法》为核心的对外贸易制度，其中，特别规定了凡涉及进口管理的规章，都由外经贸部统一对外发布。但是，我国外贸制度尤其是进口管理的透明度仍有待提高，进口政策的统一性仍未解决。

WTO透明度原则（其前为GATT透明度原则）是我国复关和入世必须跨越的一道“门槛”，国际透明义务将不得不引起我们足够的重视。过去我国往往制定零散的、局部的、具体的规定去解决这些问题，却忽视从程序制度方面去着手解决。西方法治传统中很重要的一方面就是重视程序正义，而我国恰恰在这方面有所忽略，这显然不利于我国的经贸国际交往，更不利于依法治国方略的实现。程序制度主要涉及行政公开制度。行政公开制度的建立和有效运作对国际透明的意义和作用毋庸置疑，国际透明不过是行政公开制度在国际法意义上的拓展而已。所以，一国行政公开制度和其国际透明的程度、范围往往是直接相关的。

谈判代表龙永图先生曾向国际社会重申，中国加入WTO后，将按照国际规则对现行的对外贸易法律法规进行修改，建立起一个透明、公正的法律体系及咨询机制，以保障海内外投资活动的正常进行。具体是指：所有对外贸易活动只执行已公布的法律法规及其他措施，任何未经公布的内部文件都不能执行；在指定的官方刊物上专门公布所有对外经济贸易方面的法律法规，任何WTO成员、企业和个人都能从该刊物上获得中国法律法规的最新进展；在有关外贸法律法规出台之前，除涉及国家安全（如汇率变化）等重要措施以外，都要有一段时间提请企业等各方面予以评论，以确保所公布的规定符合实际情况和市场经济规则；建立企业咨询及投诉机制，将由中央政府设立咨询点，确保任何企业的法律问题都可以在30

天之内得到回复，最多不超过45天；重要的法律法规必须在全国统一实施，以避免地方“土政策”的干扰。可以看出这些内容将对我国行政公开制度产生重大影响。这就极大地降低了信息的传播成本，且迅捷、易得。

② WTO透明度原则对我国行政公开制度的间接影响。WTO透明度原则主要针对的是贸易法规、政策的国际透明，但并没有忽视国内透明，国内透明是指成员方贸易法规、政策在其内部的公开、透明，包括制定贸易法规。政策的过程和结果公开、透明。WTO之所以重视贸易政策、法规的国内透明，主要是因为国内透明和国际透明有着密切的联系：其一，依照WTO最惠国待遇和国民待遇原则，一般情况下，各成员方具有同等的权利和义务，一成员方国内公民、法人和其他组织同等地享有其他成员方政府和贸易经营者获悉贸易法规、政策的权利，即一成员方在履行贸易法规、政策的国际透明义务的同时，也要履行贸易法规、政策的国内透明义务。其二，国内透明对国际透明的支持和促进作用。两者的对象都是贸易法规政策；其目的都是对抗贸易保护主义：在预防保护政策的出现方面，国内透明要优于国际透明，所以，国内透明补充国际透明之不足，增强监督之效力，从而加强多边贸易体制行政公开制度的建立，不仅有利于发展社会主义民主，促进反腐倡廉，深化政府机关改革，而且能为经济发展提供制度支持。

四、政府信息公开是市场经济发展的需要

虽然中国的工业化尚未成熟，但中国和所有发达国家一起步入了信息社会。信息社会中，信息就像空气一样不可或缺，离开信息的传递，人们简直寸步难行，信息已成为人类社会最重要、最稀缺的社会资源。在信息社会，信息的价值能否体现，信息的流动性是关键，这也包括政府信息的流动。特别是现代社会，人们无论参与什么社会政治、经济活动，必须与政府打交道，利用政府的信息，否则将举步维艰。据估计，我国政府掌握

了大约80%以上的信息资源，这些资源是社会信息资源的一个极其重要的组成部分。信息化与信息社会要求政府信息资源自由流动，以促进经济增长，政府信息化的核心就是政府信息资源的有效开发和利用，这种开发和利用就是要建立在信息公开的基础之上。

从经济的角度而言，信息已是继人、物之后成为支撑经济发展的关键因素，这一点已被经济学家和社会实践所证实。美国信息产业的发达与美国的政府信息公开制度的健全不无关系，因为，信息产业中的诸多信息都是政府所公开的信息。我国的信息资源开发利用的现状不容乐观，大量政府信息资源却只有极少部分向社会开放，这不能不说是社会资源的极大浪费。市场经济要求有清晰的投资环境、公开的行政行为、平等的竞争机会，这一切均要求政府是一个开放的政府，唯有此，社会经济才会健康发展，人民生活水平才会稳步提高。

市场经济以竞争为原则，竞争原则的实质在于，一方面政府对经济和各市场参与者的控制有限化、间接化，允许市场主体发挥自己的优势；另一方面，各市场主体机会均等，不允许有政府方面的偏袒行为和竞争中的欺诈行为。“公平无疑是市场经济下政府行政行为的基本宗旨。

政府信息公开之所以能够有利于规范市场经济秩序，在信息经济学家那里得到了最好的解说。2001年诺贝尔经济学奖的三位获得者阿克尔洛夫、史宾斯、斯蒂格利茨均以研究信息经济学而著称，他们所提出的当买方与卖方具有非对称信息时市场运作的理论具有广泛的应用范围。根据他们的理论，在信息不对称的情况下，市场的运作可能是无效率的，市场选择的结果是“劣币驱逐良币”。

政府是最大的信息所有者和控制者。在当今信息社会，信息已成为财富增长的重要源泉，市场经济的发育成熟也要求政府公开其掌握的信息，实现政府信息资源共享，为此，就应当实现政府的信息化，大力推行政府信息公开。

如果说，政府信息公开制度建立初期，其目的是保障公民的知情权，那么，在当今的信息时代，政府信息公开制度的目的则具有多重性。公民知情权的保障、政府服务宗旨的实现、政府信息社会生产力的转化等，这些都基于政府信息公开制度的建立。并且，正是建立其目的的内涵的不断丰富，政府信息公开制度才得以不断发展。

市场经济在我国已经基本确立，实行政府信息公开是市场经济内在品质的必然要求。市场经济是开放经济，它反对地方保护主义、部门保护主义，取缔不必要的政府管制和行政审批，主张市场开放、信息开放和决策透明化；市场经济是自由经济，它是建立在允许公民自由行动、自由交易、自由签约、自由生产和自由迁徙的基础上的，尽管这些自由必须以不违反法律为界限，必须存在一定限度的政府干预，但自由是市场经济的核心，这种自由也包括公众获取信息的自由；市场经济是法治经济，法治经济要求政府依法行政，不滥用职权，不随意干涉经济，需要政府为市场提供公平竞争的环境，所以，政府不能实行信息封锁，必须公开各种法律、法规、政策、命令等；市场经济也是信息经济，信息在市场上是开放的和可以自由流动的，政府信息作为一种重要的资源，必然在市场的力量下，得到最优配置和最大限度地利用。而我国目前的市场经济信息资源处在严重失灵状态，信息失灵状态主要表现为：信息不充分、信息不对称及信息不准确。信息不充分是指决策者所依赖的信息在量上不足；信息不对称是指信息在交易主体之间的分布不均匀，这是一种为经济学所广泛研究的经典的信息失灵状态；信息不准确是指信息在质上与客观事实不一致。由于我国政府机关约占有 80% 的信息资源，政府机关对信息的垄断是造成市场经济失灵的重要原因，这不利于市场资源的合理配置，也妨碍了市场的活力。信息在参与人之间的分布或者说信息结构会直接影响均衡及其结果。政府提供充分、准确的信息，保持信息均衡状态是市场经济发展的需要。

五、政府信息公开是反对权力腐败、倡导廉政建设的要求

我国经历了漫长的封建社会时期，长期以来，是“民可使由之，不可使知之”“刑不可知，则威不可测”的密室专制统治积习。政治上的神秘性极大地损害了民主，它使腐败之风得不到制止，甚至愈演愈烈。在我们国家，反腐败斗争正在取得辉煌的成就，自展开历史新时期反腐倡廉工作以来，党和国家采取了多种手段，运用了诸多措施，其中两个重要的措施是：抓紧了对各类大案要案的查处；着手进行诸多制度建设。在制度建设方面，政府信息公开制度的建设正是其重要的内容之一。“阳光是最好的防腐剂”，政务公开所体现出来的公开透明和有序运作理念具有反腐败的功能。当腐败被人们普遍视为破坏世界发展的癌症，成为各国政府最大的敌人之时，有识之士与各厉行法治之国，无不把提高透明度、建立开放政府，特别是将政务公开法制化作为反腐倡廉，建立公平、高效政府的灵丹妙药。我们也已经认识到了政府信息公开制度的反腐功能。它能够完善以政务公开为核心的权力运行程序机制；它能使公民在掌握信息资源的状况下，有效地参与政治；它能使公职人员财务公开、勤于业务；它能促使民主完善，监督有效。

在现代社会里，行政权相对立法权和司法权，有膨胀和扩张的趋势，行政机关拥有越来越多的准立法权、准司法权及广泛的自由裁决权。行政权力的扩张极易造成对公民个人权利的侵害；行政的扩张也容易造成行政专制、独裁；日益扩张的行政权力更是为形形色色的权力腐败提供了滋生的土壤。行政权力的扩张具有其内在的必然性，是社会经济文化不断发展的要求。尤其在我国目前这种特殊的时期，不断提高经济效益，加速社会发展，行政权力的扩张也是必然。在这种情况下，如果不通过政府信息公开，加强对行政机关的权力的制约和限制，那么，行政机关就极有可能侵犯公民的权利，从而削弱人民主权的宪法基础。因此，必须对行政权力加以控制，因为只有有效地控制行政权，才能体现主权在民的精神，防止权

力的异化。只有将行政权控制在法律预设的范围之内，依法定程序运行，才能使行政权真正体现人民的意志，“人民主权”才不至于成为一句空话。我国是人民民主专政国家，人民是国家的主人，加强对行政权力的控制，防止权力异化损害人民民主权利，是人民民主专政国体的必然要求。只有有效控制行政权，才能实现民主，维护良好的社会秩序，保护基本人权，建立社会主义市场经济。

政府信息公开，是监督政府依法行政，有效控制行政权力的重要手段。加强对行政权的监控首先要强调行政公开。因为“阳光是最好的防腐剂，路灯是最好的警察”，公开不仅可以使行政机关产生自我约束的自觉性，更可以让广大人民在充分了解行政信息、明确自己权利义务的基础上参与行政活动，监督行政机关依法行政，免受其侵害。

一个民主的政府，必须经常了解民众对其决策和其他工作情况的反应，否则，它势必闭目塞听，作出某些很坏的违背民意的决策和判断。美国司法部长克拉克在1967年《情报自由法》即将实施所作的一份声明的序言中指出:“如果一个政府真正是民有、民治、民享的政府的话，人民必须能够详细地知道政府的活动。没有什么东西比秘密更能损害民主，公众没有了解情况，所谓自治，所谓公民最大限度地参与国家事务只能是一句空话。如果我们不知道怎么受管理，怎么管理自己呢？在当前群众时代的社会中，当政府在很多方面影响每个人的时候，保障人民了解政府活动的权利，比任何其他时代更为重要。”

在现代法治国家，公开的原则几乎被适用于所有领域。公开的目的，就是为了接受监督。行政信息当然也不例外，它是现代国家实行民主监督的一个重要的前提条件。实行政府信息公开，有利于维护人民群众的合法权益，吸收人民群众参与讨论和决定有关事项，强化民主监督。可以说，没有公开，就无从谈起监督；没有监督，权力就要被滥用，就要腐败。

不论何时，作为负责某项工作或负有某种责任的职员或官员，受非法提供的金钱或其他报酬引诱，作出有利于提供报酬的人的决定或行为从而损害公众的利益，腐败就可以说存在了。任何一种腐败行为都是一种将权力作为资本运用（使用、消耗、积累、增值）的过程，权力之所以能够增值，其根本原因在于它本身的性质具有不平等性，必要的制约机制能将这种不平等性限制在职责的界限之内，而不受制约的权力必然腐败。20世纪以来，随着行政权力的不断扩张，政府腐败有蔓延之势，如何控制行政权力滥用、防止腐败成为世界各国关注的问题。保密永远都是腐败的基础，它削弱了公众对民主国家的信赖感。政府信息公开制度是现代国家反腐倡廉的有力武器。日本不断发生政府腐败的丑闻是促使日本制定信息公开法，建立政府信息公开制度的重要原因。1985 年发生在大阪的请求大阪府知事公开交际费用事件，揭开了日本地方政府信息公开的实践序幕，这一激烈的诉讼活动促使全国市民行政监督者联络会议向全国 47 个都道府县普遍提出行政公开请求。公开的结果发现，至少在 1993 年，仅 40 个县的秘书处、财政处和东京办事处就有 53 亿日元的公共资金以“误餐补贴”的名义用于接待。在普遍的信息公开请求和大量的信息公开诉讼的压力下，日本的反腐败取得了相当大的成果。

行政公开对于廉政建设有着巨大的作用，这一点早就为我国古代的官吏所认识。《尚书》中就有“举烛尚明”的论述，他们认为：政是否“廉洁”，是与行政活动是否“明”（公开透明）密切相关的。

行政公开是行政监督的前提，没有制约的权力必然要导致腐败，正如孟德斯鸠所说：“一切有权力的人容易滥用权力，是万古不变的经验”，“防止滥用权力的办法，就是以权力约束权力”。而行政公开则是行政监督的基本前提，没有行政公开就没有监督行政。行政公开不充分，行政监督也不会完整。

为了治疗腐败这一破坏世界发展的癌症，我国迫切需要建设开放性政府，提高政府的透明度，加强我国政府信息的法制建设。

📖 六、政府信息公开是行政管理方式转变的要求

市场经济体制的建立及国家与社会的重新整合，要求政府职能向着“小政府大社会”“小政府大服务”的目标转变。这种转变要求行政权与市场主体在权利和义务的关系上按照市场经济的原则进行重新配置，即要求改革行政管理，实现行政管理的现代化以适应社会的变迁。而行政管理现代化是行政体系整体上的、全面的现代化，而不是片面的、狭隘的现代化，它应该包括现代化的行政机构、行政体制、行政人员与现代化的行政观念的有机统一。

首先，“管理”观念转变为“服务”观念，服务行政在观念上逐渐取代管理行政，随之行政主体与相对人的关系从单一管理关系向多元关系发展。在以前的“管理”观念指导下，公民与政府的关系是被动的权力服从关系，在这种情况下，行政主体和相对人之间是不平等的，行政人员是老百姓的“父母官”，因此，老百姓只是被动地接受管理，而没有获取行政信息的意识。在“服务”观念的指导下，行政主体与相对人之间是平等的关系，这种平等的关系意味着两者之间的信息必须是对称的，不仅行政主体有权获取相对人的信息，而且，行政相对人也有权利了解行政管理的情况，即行政活动必须公开以保护公民的知情权。

其次，“协调的行政管理观念”也要求行政活动公开。对于行政管理现代化而言，不仅要求减少机构交叉、重叠设置，部门之间相互扯皮等组织机构上的问题，而且要求改变以前的各自为政和命令式的管理观念，树立协调的意识，在行政管理活动中追求一种动态的平衡，正确处理整体、部门、个体及同公民之间的关系，为行政活动创造一个良好的社会环境。随着行政权力的扩大，行政管理的范围与以前相比，要广泛得多，渗透到人们生活的各个领域。管理对象和管理范围的扩大，必然会导致行政管理活动的复杂化，只靠以前单一的管理方式已经不能解决行政活动中出现的问题。而无论行政机关之间、行政机关与行政人员之间，还是行政机关与

公民之间的协调都要求开放行政系统，实现信息间的交流，只有这样，协调的工作才能顺利进行。否则，如果封闭行政系统，公民对行政事务不了解或者政府之间互相封锁信息，则不能解决出现的矛盾，行政活动中的分歧得不到协调，必然会影响行政管理活动的，顺利进行。

七、政府信息公开有利于和谐社会的构建

党的十六届四中全会以来，建设社会主义和谐社会成为中国社会生活中的重大主题。和谐社会是党中央根据马克思主义基本原理和中国社会主义建设的实践经验，结合新世纪新阶段中国经济社会发展的新要求和中国社会出现的新趋势而提出的。社会主义和谐社会是指社会系统内部之间，自然、人和社会之间互相融洽、彼此协调、关系良好、有机整合、社会运行没有冲突的状态，这是有机统一、和谐互动、良性运行、协调发展的社会。

（一）民主法治的社会

政府信息公开是主权在民的体现。民主法治首要的是保证人民当家做主，尊重人民群众的独立人格和民主权利，尊重并维护社会公众的社会知情权、社会参与权、意志表达权及民主监督权，在民主得到充分发扬的基础上，使社会各方面积极因素得到广泛调动。同时，这种民主要与法律相结合，使整个社会的运转服从于法制的权威，真正做到法律高于人情、法律高于权力，从而使依法治国基本方略得到落实。政府信息作为一种重要的国家资源，具有公共属性。政府信息产生于公共管理领域，是利用公共财政生产的，在所有权归属上，这些信息属于人民群众，任何社会组织和公民有权获得依法公开的政府信息，对政府信息的知情是公民的权利。民主社会应是以政府信息公开为前提，公民只有在了解政府机关工作内容的前提下，才能真正享有民主，也才能够把自己置身于法律的约束之下行使民主权利。政府代表人民管理国家，公开信息是政府的义务，是主权在民

的体现。

（二）公平正义的社会

政府信息公开体现了社会公平和正义。社会公平正义是人类追求的永恒主题。当前，中国正处于社会转型期，各群体利益关系和社会矛盾呈现出多元交织、错综复杂的局面。今天，我们讲公平正义，就是要妥善处理和协调社会各方面的利益关系，正确处理人民内部矛盾。社会公正不仅仅表现在收入分配上，而且，表现在社会政治经济生活中人们地位的公平、机会的公平及整个社会规则和机制的公平上。政府在信息量、信息效用和信息价值等方面具有其他社会组织永远无法企及的信息优势。从政府拥有的信息量上看，政府是整个社会信息中最大的形成者、收集者、管理者和占有者。从政府信息具有的信息效用来看，政府信息内容对国家、社会其他组织及公民个人都具有直接或间接的影响力或约束力。从蕴藏的信息价值来看，政府信息具有巨大的开发潜力和重要的使用价值与经济价值。作为代表人民管理国家和社会公共事务的公共机构，政府应当全心全意为人民服务，政府具有的上述信息优势，理应转化为全体公众的信息优势，向民众公开，与民众共享。因而，从一定意义上看，政府信息公开是社会公平正义的体现。

（三）诚信友爱的社会

政府信息公开有利于社会信用制度的建立。诚信是中国最基本的道德规范，现代信用制度是社会主义市场经济法则。但在当前，社会信用制度缺失是一个比较突出的问题。政府信息公开意味着任何组织和个人都可以享受到同等的政策信息，在当今市场经济环境下，对于捍卫诚实和信用，预防不正当的竞争和欺诈行为可以起到有力的保障作用。政府信息公开对于改进政府行政管理组织、方式和行为是一个良好的契机，它将使政务由神秘、封闭转为透明、公开，使政府的行政过程和行政结果直接接受公众的监督，从而有效地防止腐败，提高政府的公信力。

（四）充满活力、安定有序、人与自然和谐相处的社会

如何构建一个既充满活力，又安定有序、人与自然和谐相处的社会？最为基本的方面：一是发展先进生产力，这是社会最活跃最革命的因素。历史唯物主义的观点表明，社会生产力发展不足，人的基本物质利益无法得到满足，生活水平得不到应有的提高，是产生社会不和谐的最终根源。二是以人为本，坚持和落实科学的发展观。以人为本，一个很核心的问题，就是注重人的全面发展，尊重人的基本权利。

政府信息公开不仅体现了尊重公民的基本权利，对于发展先进生产力和落实科学的发展观同样具有重要的意义。在当今信息资源已成为人类经济活动、社会活动的战略资源的环境下，人们对政府信息依赖程度越来越高。在信息化、数字化背景下，政府信息的公开将使原本人们得不到的大量优质信息资源，可以通过直接查询迅速、简便地获取，从而极大地丰富了信息资源，降低了社会经济发展成本，使社会朝着健康有序和谐的方向发展。

第三节 政府信息公开制度的解读

一、我国信息公开制度的宪法基础

政府信息公开是现代民主制国家普遍遵循的一项原则，也是宪法所确认的公民的知情权的具体表现。以人民主权原则为首要原则的宪法必然要求政府向人民负责，受人民监督，为人民提供政治生活、经济生活及文化生活的种种便利信息。

根据我国《宪法》的相关规定，公民享有知情权，政府信息公开是政府的责任和义务。我国《宪法》第2条规定："中华人民共和国的一切权力属于人民。人民行使国家权力的机关是全国人民代表大会和地方各级人民代表大会。人民依照法律规定，通过各种途径和形式，管理国家事务，管理经济和文化事业，管理社会事务。"中华人民共和国的一切权力属于人民表明了各个国家机关权力来源于人民，当然也应当为人民所控制。政府作为国家机关之一，虽然不是由人民直接产生的，但也是由作为代议机关的人大产生的，政府向人大报告工作也就意味着政府对人民也不应当保有秘密，除非为了保护公共利益、商业秘密和个人隐私的需要。人民不仅通过人大来行使国家权力，还可以通过各种途径和形式参与国家及公共事务的管理，而知情权是人民参与管理的必要手段。没有知情权，人民参与国家事务管理的活动就会落空。由此，知情权是公民的一项基本权利，同时也是政府的一项义务和责任。《宪法》第35条进一步细化了人民的知情权："中华人民共和国公民有言论、出版、集会、结社、游行、示威的自由。"其中的言论自由、出版自由即包含了政府信息公开的内容。另外，我国《宪法》第41条第1款还规定："中华人民共和国公民对于任何国家机关和国家工作人员，有提出批评和建议的权利；对于任何国家机关和国家工作人员的违法失职行为，有向有关国家机关提出申诉、控告或者检举的权利。……”这些权利的存在，也默示了公民具有知情权，否则其无法很好地对国家机关和国家工作人员的违法失职行为进行批评、建议、申诉、控告或检举。

二、政府信息公开制度的立法背景

我国信息公开制度的建设可以追溯到改革开放初期。早在1987年10月中国共产党第十三次全国代表大会政治报告中就开始强调要“提高领导机关的开放程度，重大情况让人民知道，重大问题经人民讨论”。这里的“重大情况让人民知道”实质上就反映了要尊重人民群众知情权。“重大问题经人民讨论”则反映了对人民群众“表达自由权”的尊重。在党的十三大会议精神的引领下，20世纪80年代后期，为促进廉政建设，国家要求所有重大事项的决策和实施都必须实行“两公开、一监督”。“两公开”，是指公开办事的制度、公开办事的结果。“一监督”，是指接受群众的监督。1997年，党的第十五次全国代表大会将政务公开表述为执政党的基本政策，党的十五大政治报告指出，城乡基层政权和基层群众性自治组织要健全民主选举制度，实行财务公开和政务公开，让人民群众参与讨论和决定基层的公共事务。1998年，最高人民检察院率先实行了“检务公开”，公安、海关、法院等部门也相继推行警务公开、关务公开、审判公开。到了2007年，党的十七大报告提出要保障人民群众的“知情权、参与权、表达权、监督权”，即所谓的“新四权”。

政府信息公开不仅是党的决策决定的，也是适应社会发展的必然需要。2001年中国加入了世贸组织，这给中国政府信息公开带来了机遇和挑战。根据世贸组织的规定，“透明原则”是世贸组织的重要原则之一，中国作为WTO成员方就必须遵守WTO的基本规则，履行世贸组织的义务，确保贸易政策法规的透明度和统一性，这在很大程度上助推了中国政府信息公开化的进程。2003 年的“SARS(非典)”事件，以及 2004 年的“禽流感”事件也在一定程度上推动了政府信息公开制度的形成。在“SARS”初期，部分机关和官员不透明的工作方式，导致了疫情的蔓延，并引起了不必要的社会恐慌。为了扭转被动的局面，国务院迅速出台了《突发公共卫生事件应急条例》，建立了突发事件的举报制度、应急报告制度及信息发布制度，之后政府每天发布有关非典的最新信息，保障了群众对自然灾害的知情权，消除了群众的恐慌。种种应对突发事件的经验与教训为政府信息公开提供了实践基础。

政府信息公开立法正是在上述背景下展开的。国务院在 2002 年就开启了起草《政府信息公开条例》的工作，第十届全国人大常委会于 2003 年底将《政府信息公开法》列入了立法规划。2004 年 7 月实施的《行政许可法》规定了行政许可应当遵循许可公开的原则，在行政许可领域实现了公开透明。与此同时，地方信息公开立法方面也取得了重大的突破。中国首次全面规范政府信息公开的地方政府规章应该是《广州市政府信息公开规定》，该条例于 2002 年 10 月制定，随后，上海、重庆、湖北、河北、江苏、吉林等省市也制定了政府信息公开方面的规章。另外，山西省大同市人大常委会于 2003 年制定了有关政府信息公开的地方性法规，广东省人大常委会于 2005 年制定了有关政府信息公开的地方性法规。这一切都为制定更高位阶的法律法规奠定了基础。在总结经验的基础上，国务院最终在 2007 年 1 月 17 日通过了《中华人民共和国政府信息公开条例》(以下简称《政府信息公开条例》)，该条例于 2008 年 5 月 1 日起施行。

三、对我国《政府信息公开条例》的若干解读

我国《政府信息公开条例》包括总则、公开的范围、公开的方式和程序、监督和保障及附则五部分。其中，需要解读和具有特色的有如下几个方面：

（一）政府信息的含义

被申请公开的信息首先应当属于“政府信息”，其次才能够进一步确定是否公开。因此，何为“政府信息”是政府信息公开法首先必须明确的问题。我国《政府信息公开条例》第2条规定：“本条例所称政府信息，是指行政机关在履行职责过程中制作或者获取的，以一定形式记录、保存的信息。”从这个定义可以看出，把握“政府信息”需要从四个方面来进行。首先，信息产生的主体是行政机关。由于各国信息公开的立法背景不同，信息生产的主体存在着很大差异。如韩国《公共机关信息公开法》规定信息产生的主体包括国会、宪法法院、大法院、行政机关、中央选举委员会、政府投资的机关及地方公共团体等。由于我国《政府信息公开条例》的制定主体是国务院，因此，产生信息的主体主要是行政主体，但同时《政府信息公开条例》第37条规定，教育、医疗卫生、计划生育、供水、供电、供气、供热、环保、公共交通等与人民群众利益密切相关的公共企事业单位在提供社会公共服务过程中制作、获取的信息的公开，参照本条例执行。由此，我国信息产生的主体也包括法律法规授权的组织。其次，从产生的过程来看，信息产生于行政机关履行职责的过程中。行政机关以民事主体的身份进行活动所产生的信息不属于政府信息。政府机关履行内部管理职责时所产生的信息要结合具体情况作出判断，内部信息如果对公众产生影响就应当被视为政府信息。如美国《信息自由法》规定，对公众产生影响的职员手册和对职员的指示就属于政府信息。再次，从政府信息的产生方式来看，既可以是行政机关自身制作的信息，也可以是行政机关从其他国家机关、企事业单位等组织或个人获取的信息。也就是说，判断是否属于政府信息要采取双重标准，既包括“制作”也包括“获取”。最后，从信息的存在形式来看，信息必须有一定的载体。政府信息必须是客观上已经存在的信息，政府不会因为申请人的需要而负担制作信息的义务，另外，政府信息必须以一定的形式表现出来，为人们所掌握和控制。随着信息技术的发展日新月异，信息载体也日益丰富，很难一一列举出来，因此，大多数国家都采取了概括的形式，当然也有部分国家采取不完全列举的形式。如泰国《官方信息法》就列举了文件、报告、档案、书籍、地图、图表、图画、胶卷、照片，或者计算机保存等多种形式。

（二）政府信息的公开与例外

世界许多国家的政府信息公开立法都确立了“以信息公开为原则，以不公开为例外”的重要原则，并且，对不予公开的事项进行了明确的列举。我国《政府信息公开条例》没有明确规定这一原则，而是在《政府信息公开条例》第 5 条规定:“行政机关公开政府信息，应当遵循公正、公平、便民的原则。”但有学者认为我国政府信息公开实际上贯穿了这一原则。

以公开为原则意味着推定公开或最大限度地公开。也就是说，除了法律规定的例外情形，政府信息应当是最大限度地被推定为属于公开的范围，因此，对于公开信息的范围是不需要列举的。根据信息公开是否需要相对人的申请，信息公开可以分为主动公开和被动公开两种。我国《政府信息公开条例》对政府应当主动公开的事项进行了列举，也可以说这是我国信息公开制度的一个特色。

从原理上而言，政府信息都应当是公开的，但在某些情况下，行政公开可能和其他的公共利益互相冲突，也可能损害第三方的利益，因此，也必须有例外情形存在。因此，公开和不公开构成了政府信息公开制度的两个方面。在各国政府信息公开法中一般对不公开的事项进行了列举，其作用在于既能避免行政公开有损公共利益和第三人的合法权益，又能防止政府随意扩大不公开的范围。但我国《政府信息公开条例》没有对不予公开的范围采取列举的方式，而是采取了概括的方式。涉及的法规条款主要是两个：一是《政府信息公开条例》第 8 条规定：“行政机关公开政府信息，不得危及国家安全、公共安全、经济安全和社会稳定。”二是第 14 条第 4 款规定了“行政机关不得公开涉及国家秘密、商业秘密、个人隐私的政府信息”。这样原则性的排除规定过于原则、模糊、缺乏可操作性，不仅容易成为某些行政机关不公开信息的保护伞，而且也使法院在审理信息公开案件时找不到明确的法律依据。

（三）“三需要”问题

世界各国对于申请人说明申请政府信息公开的目的一般没有做出任何要求，也就是说，任何人都可以无条件地根据法律的规定向政府提出信息公开的申请。而我国《政府信息公开条例》第13条却规定，公民、法人或者其他组织可以根据自身生产、生活、科研等特殊需要，向国务院部门、地方各级人民政府及县级以上地方人民政府部门申请获取相关政府信息。可在《政府信息公开条例》第20条有关申请书的形式时规定：“政府信息公开申请应当包括下列内容：①申请人的姓名或者名称、联系方式；②申请公开的政府信息的内容描述；③申请公开的政府信息的形式要求。”这里显然又没有规定在信息公开申请书中必须写明是根据“三需要”中的哪一项。由此一般认为公民申请政府信息公开不需要说明申请的用途或目的。但在随后的《国务院办公厅关于施行〈中华人民共和国政府信息公开条例〉若干问题的意见》第14条有规定：“行政机关对申请人申请公开与本人生产、生活、科研等特殊需要无关的政府信息，可以不予提供。”有人认为“三需要”的规定大大减缩了公民申请信息公开的范围。也有人认为，考虑政府信息公开制度在我国属于刚刚开始实施阶段，最初不应当将公开范围放得太宽。从实践来看，政府很少以不符合“三需要”为由来拒绝公民的信息公开请求。在司法实践中法院也可以发挥其制约行政权的作用，对于行政机关的审查要严格把关。以缺乏“三需要”为由拒绝公民请求的，行政机关必须有充分的理由。因此，“三需要”一般不会成为公民行使信息公开权的障碍。

（四）政府信息公开报告制度

《政府信息公开条例》第 31 条和第 32 条规定了中国政府信息公开报告制度，即信息公开年度报告制度。第 31 条规定：“各级行政机关应当在每年 3 月 31 日前公布本行政机关的政府信息公开工作年度报告。”并且在第 32 条规定年度报告应当包括的具体内容，即“①行政机关主动公开政府信息的情况；②行政机关依申请公开政府信息和不予公开政府信息的情况；③政府信息公开的收费及减免情况；④因政府信息公开申请行政复议、提起行政诉讼的情况；⑤政府信息公开工作存在的主要问题及改进情况；⑥其他需要报告的事项。”信息公开年度报告制度是一项颇具中国法制特色的制度，在其他国家的政府信息公开制度中是极其少见的。其实，这一新型的制度在国内可以追溯到 2004 年的《上海市政府信息公开规定》和《湖北省政府信息公开规定》。这两部地方性法规都规定了政府信息公开年度报告制度。政府信息公开报告是一种执法报告，具有明显的执行性，其不同于执政党文件中的“政治报告”。同时，政府信息公开报告也不同于为了应对突发公共事件而举行的具体工作信息发布与报告。政府信息公开报告与其说是一项政府信息的公开职责，不如说是一项信息公开工作的监督和保障措施，其对于中国政府信息公开的推进具有重要的意义。

第六章　政府信息公开制度的历史和体系构建

第一节　政府信息公开与政府信息公开制度

📖 一、政府信息公开与政府信息公开制度的含义

政府信息公开可从微观和宏观两个角度来理解，微观意义上的政府信息公开是指政府机构依照法定程序以法定形式公开与社会成员利益相关的所有政府信息，并允许公众通过查询、阅览、复制等方式充分利用政府所掌握的信息的行为。其本质上是政府机构依法公开有关政府信息的行政行为。而宏观意义上的政府信息公开，则是指本书所研究的主题——政府信息公开制度，它是指政府机构在行使公共管理职权和提供公共服务的过程中，通过法定形式和程序，主动向社会公众或依申请而向特定的个人或组织公开有关政府信息的制度。政府信息公开制度应该是一个完整的制度体系，它除了包括与政府信息公开行为直接相关的政府信息公开主体、内容、方式、程序、监督、救济等各项具体制度的构建外，还应当包括与政府信息公开行为的实施紧密相关的国家保密制度、档案管理制度、个人隐私保护制度、行政程序制度等各项配套制度的协调与统一。只有这些与政府信息公开相关的各项制度相互配合，构成一个统一整体，才能最终形成完整意义上的政府信息公开制度。

📖 二、政府信息公开制度与相关概念的比较

（一）政府信息公开制度与行政公开

行政公开的概念至今没有通说规定，学界对行政公开的法律属性也存在较大分歧，有人视之为一项原则，有人视之为一种制度，有人视之为一

种行政活动方式，有人视之为一种行政行为。其使用的有关概念也较多，如“行政信息公开”“行政资讯公开”“行政情报公开”“政府公开”“行政程序公开”“公开行政”等。

其实，从我国行政机关实践活动的角度来看，行政公开是指“将行政权力运行的依据、过程和结果向相对人和公众公开，使相对人和公众知悉”。它强调的是行政机关要公开其执法依据、执法程序和执法结果，属于办事制度层面的公开。而政府信息公开制度所对应的政府信息公开，其内涵和外延都要广阔得多，不仅要求政府事务公开，而且要求政府机构应当将其行使职权过程中制作和获得的信息都要公开。并且，政府信息公开制度的主体也不仅仅局限于实行“行政公开”的国家行政机关，而是包括了所有广义的政府机构。

（二）政府信息公开制度与政务公开

政务公开是近几年来被广泛使用的一个概念。目前，对政务公开含义的理解和界定大致分为广义和狭义两种。广义的政务公开，就是指除属于国家规定保密以外的行政事务、社会公共事务等都要向社会和群众公开。这种观点认为，政务就是有关政治的种种事务，其中包括政党事务、行政事务和其他社会公共事务。根据这种理解和界定，政务公开除了包括行政机关的政务公开外，还应该包括立法机关、司法机关、社会团体，以及其他各种公共组织的政务公开。因此，我国当前比较普遍和广泛的村务公开、检务公开、审务公开、警务公开、厂务公开等都可以涵盖进来。狭义的政务公开就是指除属于国家规定保密以外的行政事务都要向社会和群众公开。其中的政务，应该是指行政事务，政务公开仅仅限于政府行政机关的范围内，主要公开那些与公共行政管理密切相关的，与民众切身利益密切相关的事务，而不应该包括基层群众自治组织的村务公开，不包括司法领域的检务公开和审判公开，也不包括国有企业内部推行的厂务公开。不管从广义上看还是从狭义上看，政务公开都是相关机关、部门、机构或单位的主动行为，不需相对人或公众申请；从内容上看，政务公开既有信息的公开又有行为的公开，信息公开是其核心内容可见，政府信息公开制度所对应的政府信息公开和政务公开是一种交叉关系。在主动公开上，二者有重合部分；但是，政府信息公开还包括依申请的被动公开，这是政务公开所不具有的。

第二节　我国政府信息公开制度的历史沿革

本节根据整个制度变迁历程的每个重要时间节点，如国家的重大政策的调整、开展的重要会议，以及社会重大事件的发生等，将我国政府信息公开制度的变迁历程大致分为四个阶段：起步探索时期、稳步推进时期、确立发展时期、深化完善时期。

一、起步探索时期（1978—1996年）

这一时期为我国政府信息公开的起步探索时期，主要从改革开放开始，到党的十一届三中全会召开，再到“两公开一监督”活动及后来的村务公开，不仅体现了执政理念的转变，同时也体现了国家尊重公民的知情权，为政务公开制度的形成奠定了实践基础。

改革开放后，在“工作重心转移到经济建设”的政策指引下，我国经济实现了飞速增长，人民生活水平日益提高，综合国力显著增强，随之而来的是为满足公众需求而提出的更高水平的民主法治社会建设，因此，开展信息公开工作成为建设法治政府的重要内容。

我国政府信息公开制度的历史可溯源至20世纪80年代。党的十一届三中全会对中国的发展进行了总结，由此开启了国家法制化进程。在这期间，执政理念的转变使政府信息公开方式由过去的宣传型向法制型过渡。1987年12月，党的十三大报告指出，“要提高领导机关的开放程度，重大情况让人民知道，重大问题由人民讨论”，其中的内容分别体现了公民知情权和人民群众对国家大事的参与权。这一论断有着深刻的内涵和重要的理论指导意义。一方面，这充分体现了党和国家的治国方略中人民群众的重要地位，另一方面，为中国政府信息公开制度的逐步完善提供了指引，为方针政策的制定实施提供了理论依据，奠定了制度产生的基础。按照党的十三大精神，许多地方政府和机关单位组织开展了以“两公开一监督”为主的政务公开工作形式，即“公开办事制度、公开办事结果、依靠群众监督”。通过“两公开一监督”制度，保障了人民的监督权，提高了政府工作的透明度，打破了以往因政务活动局限于机构内部造成的公众心中的“神秘感”，将其置于人民群众的监督之下，对打击政务腐败、行贿受贿等行为起到了关键的作用，净化了社会风气，增强了公众的法律意识，在一定程度上提高了政府的办事效率。在各地方政府的试验摸索后，“两公开一监督”被逐渐推广为“四议两公开一监督”，其内容主要涉及村的自身发展，以及与村民切身利益相关的村级重要事务，在讨论后公开并接受监督，由此形成了较为系统的村民自治机制，不仅保护了村民的合法权益，同时也改善了基层治理的现状。

在不断地探索过程中，村务公开的成果最为显著。继“包产到户”的“家庭联产承包责任制”出现后，各村探索出了一套适合于当地的管理模式，例如，江苏省北河新村在治理中，即“三公开”民主管理，具体包括对财务管理、宅基地管理和计划生育指标管理的公开。但是，这套政务公开的形式同样存在着弊端，由于是各村各自组织开展实施，没有在全国形成一套统一的要求和标准体系，无法实现各村之间的联合治理。为了更好地规范全国村务政务管理，1987年《村民委员会组织法(试行)》正式出台，推动村务公开逐渐向标准过渡。正是村务公开的全国推进使信息公开理念在基层政务中萌芽，并逐步发展到更高层次的政务工作中，如乡镇级别的政务公开、国有企业的厂务公开及公安部门的警务公开。综上所述，这一时期，我国在推行政府信息公开制度时进行了多种形式的探索，政府信息公开在党和国家提出的重大政策下应运而生，为后来建设形成更加系统全面的政府信息公开制度提供了更多经验借鉴，为政府信息公开框架的搭建奠定了坚实的基础。

这一时期的政府信息公开还处于起步探索时期，在此之前，社会经济发展动力不足，物质生活匮乏，人民参与意识薄弱，尚未树立信息公开的意识。在我国古代，统治者为了维护自己的权威，不会向百姓公开"政府信息"，受传统封建观念的影响，加上中华人民共和国初期更需安定社会秩序，所以，最开始的政府信息主要以保密为主，随着改革开放和党的十一届三中全会的召开，政府信息公开逐渐从由政府独享转向社会共享，将政务活动置于公众的监督之下，逐渐打破了传统的保密观念，通过宣传的形式向公众传播政府信息，但宣传形式和内容都较为单一，并且没有相应的制度保障。

二、稳步推进时期（1997—2006年）

在这一时期，随着国家对政务公开不断提出的新要求，互联网技术的进步和发展及电子政务的兴起，也使信息公开进入了网络化时代，为政府信息公开拓宽了平台。在国家相关政策的指引下，各地开始了地方性法规建设的尝试和信息公开工作的实践，有关政府信息公开的地方性法规、规章相继出台，为我国出台政府信息公开制度奠定了基础。该时期呈现出有章可循、稳步推进的鲜明特色。

1997 年，党中央对政务公开提出了新要求，党的十五大报告中强调"坚持公平、公正、公开的原则，直接涉及群众切身利益的部门要实行公开办事制度"。在国家政策的指引下，各级政府对相关政策进行了落实，并分别提出检务公开、审判公开和警务公开。由此，职能部门全系统的政务公开逐渐实现。党的十五大报告还指出，要健全民主选举制度，实行政务和财务公开。2000 年 12 月，中央为准确贯彻这一精神发布了《关于在全国乡镇政权机关全面推行政务公开制度的通知》，通知中对基层政权政务公开的具体内容和公开形式提出了明确要求。党的十六大更进一步要求了"要认真推行政务公开制度"。2001 年，国务院办公厅办制订《全国政府系统政务信息化建设 2001 — 2005 年规划纲要》，明确提出"以需求为导向，以应用促发展，统一规划，协同发展，资源共享，安全保密”的指导原则。此后，全国各省市都开始了政府信息化建设的工作，各地因地制宜，如广东、河南等地为进一步贯彻中央的政策，采取了一系列规划措施和行动，地方政府关于政务公开的实践也在尝试和进行。

2001 年，我国成功加入 WTO，这不仅为中国经济的发展带来了新的前所未有的机遇，同时也对我国政府行为的透明度提出了更高的要求，特别是对于涉及国际贸易开展的信息公开。随着全面对外开放的深入和国内整体经济的蓬勃发展，数据信息成为社会运行中重要的一类公共发展资源。基于此，针对政府信息公开的法律拟定也开始着手实施。

21 世纪以来的第一次公共卫生事件，2003 年国内非典的爆发对社会政府信息公开和运行管理提出了新的更艰巨的考验。在传染病初期，一些地方政府管理人员仍然沿用传统的“不公开”方式，而这样陈旧的工作模式使得政府职能无法充分体现，尤其是对于疫情信息的掌握不及时造成了政务工作中决策的效能降低，不仅引起了社会恐慌，也对人民生命财产造成了威胁。在这场危机中，政府和各级行政机关深刻认识到了信息不对称对社会发展产生的不可忽视的风险和影响，推动了政府信息公开立法工作的进展。各级政府根据传染病的发展和传染病的整体预防情况，及时发布了最新的流行病学信息，疫情得到进一步控制的同时，公众也能及时了解传染病学情况，加强了政府官员的信息公开意识，充分认识到信息公开的必要性。“非典”期间，各地形成了新闻发言人制度，适当引导舆论，避免社会动荡。2004 年 12 月，国务院新闻办公室首次公布了来自 62 个部委的 75 位新闻发言人的联系方式，这一举动被认为是行政机关在信息公开举措上的鲜明信号。同时，计算机等信息技术广泛普及也为政府提供了硬件和软件支持，实现了“无纸化”政府机构共享大量信息资源。在国家 1999 年启动了“政府上网”重点工程建设项目之后，信息公开依托互联网实现了迅速发展。此外，“政府上网工程”在扩大信息公开的领域范围、提高民众参与的便捷度等方面都发挥了显著的作用。与此同时，政务公开的网站数量也呈现出指数级增长的态势，对政府信息公开的发展也起到了积极作用。在政府上网工程建设方面，我国政府域名注册量和网站数量均增长迅速，大部分的政府机构都建立了各自的网站。

为响应时代进步，建设便民利民的服务型政府，2006年1月1日，我国开通中华人民共和国中央人民政府门户网站。一方面它为各级政府机关提供了互动和工作交流平台，另一方面实现了人民群众与政府部门的对话互动，对转变政府职能，建设阳光型政府有着不可忽视的重要意义。中国政府网的平台开放，是信息时代国家信息公开进程的一大进步。这期间，政府信息公开工作从中央到地方全面推广，且成效显著，提升了各级管理部门服务水平，公开的渠道不断拓宽，内容也在不断丰富，从而公众的信息检索意识大大提高，为政府信息公开制度的建立奠定了坚实的基础。

我国的政府信息公开工作在初期进展中总体来说较为顺利，但在立法层面并未立即跟上，推进法律建设存在滞后，这在一定程度上限制了政府信息公开制度体系建设。21世纪以来，随着政治体制改革的不断深入，各级人大代表、政协委员、专家学者等社会各界人士都逐渐认识到了政府信息公开的重要性，各级政府也意识到了制度建设对于社会的重要意义，各级领导干部渐渐意识到信息公开的必要性，因此，越来越多的领导班子对此开展了由点及面的深入探索，使得政府信息公开的内容的广度和深度都有了非常大的提升。2002年国务院关于开展《政府信息公开条例》的法规起草工作。现实工作对相关法律规范支撑的需要较为迫切，而国家层面的立法工作一时之间较难出台，在这一背景下各地政府走在国家前列，开始了地方法规建设的大胆尝试。

2002年，广州市政府最先公布了《广州市政府信息公开规定》，2003年，广州市正式开始实施该规定，强调政府信息原则上必须公开，这是我国第一部关于政府信息公开制度的地方性规章，为全国信息公开工作的落实提供了较好的样板和借鉴，在各地形成了积极的示范效应。在国务院正式出台《政府信息公开条例》之前，全国已经有27个地区相继出台了地方性相关法规和规章，其中地方性法规2项、省级政府规章13项和市级规章12项。例如，2004年上海市政府常务会议审议通过了《上海市政府信息公开规定》，该规定自2004年5月1日起施行，共有五章38条，规定还列举了6类免予公开的政府信息。《湖北省政府信息公开规定》自2004年7月开始实施。2006年，黑龙江省、辽宁、深圳、宁夏等地也都陆续出台有关政府信息公开的规定。这些地方性法规都为我国政府信息公开制度的出台提供了实践经验。2005年，中共中央办公厅、国务院办公厅发布了《关于进一步推行政务公开的意见》，意见中指出要进一步从加强党的执政能力建设的高度提出要重视和推进政务公开，并规定相关行政管理事项和公共服务事项都要如实公开。2006年，《政府信息公开条例》已起草完成。自此，国家层面的政府信息公开制度的出台已呼之欲出。

三、确立发展时期（2007—2018年）

2007年我国正式颁布了《中华人民共和国政府信息公开条例》，该条例于2008年5月1日起正式实施，标志着我国政府信息公开制度正式确立。通过各级地方政府对于立法实践的探索，相关的研究成果卓有成效，因此《条例》的起草工作开展得较为顺利。2007年4月，《中华人民共和国政府信息公开条例》正式出台，2008年5月1日起，该《条例》正式开始实施。为作好相关工作，保障《条例》的实施和落实，国务院同时也出台了相关的政策性文件，包括《关于做好实施〈中华人民共和国政府信息公开条例〉准备工作的通知》，以及《关于实施中华人民共和国政府信息公开条例若干问题的意见》等。

不断推进政务公开是推进透明政府建设的需要。2016年2月，中共中央办公厅、国务院办公厅印发了《关于全面推进政务公开工作的意见》。《意见》指出，公开透明是法治政府的基本特征。全面推进政务公开，要坚持以公开为常态、不公开为例外，推进行政决策公开、执行公开、管理公开、服务公开和结果公开。2017 年 10 月，习近平总书记在党的十九大报告中时提出了“转变政府职能……建设人民满意的服务型政府”的基本要求，这一论述强调了推进体制改革的重要举措，为建设政府信息公开制度指明了发展方向。

这一时期的特点主要体现在我国政府信息公开制度的建设以法律为依据，政府信息公开工作实现了有法可依。一方面，《条例》从正式出台到不断发展，政府信息公开工作逐步完善，表明我国政府信息公开制度自此正式建立，相关法律更加成熟。另一方面，《条例》是我国首次在行政法规层面对政府信息公开出台的一套适用性规范，对政府信息公开制度的建设起到了里程碑式的意义。《条例》中严格约束限制了政府信息的公开内容、程序及监督管理等多个方面，而这也为政府信息公开制度的建立健全提供了良好的理论支撑。

自《条例》实施以来，政府在公开信息方面也取得了一定成就，并在实践中积极探索。《条例》的出台和实施体现了我国不断推进社会主义法治国家建设，保障了公民合法的知情权和监督权，对透明政府的建设具有积极意义。随着互联网和大数据的飞速发展，“政府数据公开”一词早已成为各级政府部门工作中不可缺失的重要词汇。然而，政府数据公开与信息公开的含义并非完全相同。首先，政府数据公开强调了政府与公民之间的互动和传播内容的完整性，公开对象也出现了重要的变化，由政策文件公开转化为原始数据公开；公开形式体现了主动性，摆脱了以往被动的“依申请公开”，推动政府与公民的良性互动成为政务公开中更为重要的内容。政府开放数据可以帮助透明政府的建设，提升治理能力。

四、深化完善时期（2019年—至今）

《条例》制定并实施十余年，在实践中不断摸索，2019 年，国务院对其进行了首次修订，本次修订在立法目的上由“促进依法行政”转向“建设法治政府”体现了政府治理模式的深刻变化，并呈现出许多新的特点。

当前，我国已经进入中国特色社会主义发展的新时期，政府信息公开在十余年的实践中，也暴露出了一些问题。在总结过去实践工作的基础上，结合现实发展要求，国务院对《条例》内容进行了修订和完善，于2019年5月15日正式实施。

2019年4月，国务院通过了修订后的新《条例》。通过对比发现，《条例》规定的内容更加细化和完善，在实际工作中也更具操作性。2019年，《条例》的修订是根据国家治理实践和贯彻党中央、国务院的有关决策，增加了政府信息公开力度与强度，并积极回应公众对政府信息的要求，使政府信息公开制度内容更加完善，同时，也使公众知情权进一步得到保障。既是回应了现实的需要，更是适应了未来的发展。

在党中央指引下，在2007年《条例》的基础上，2019年《条例》结合当前时代背景，进一步扩大了主体范围，明确指出政府信息公开必须遵循的原则，适当降低依申请公开的门槛，细化依申请公开办理中各个环节的流程规范。同时，各级行政机关主管部门和最高审判机关也进一步规范了实际工作中政府信息公开中面临的问题，如国务院办公厅连续多年出台针对政务信息公开的纲领性文件；地方行政机关贯彻学习中央指示，并因地制宜地对相关工作作出具体的落实安排；最高人民法院根据《条例》中对有关信息公开诉讼作出了详细的司法解释。

其次，在平台搭建方面，行政机关充分利用媒体平台，既包括宣传媒介，报纸、电视、广播、官方刊物等，又包括新闻客户端、微博等一系列社交软件为主的新媒体传播平台，传统媒介与新媒介的融合拓宽了信息公开的渠道，使政府信息公开的涉及面越来越广泛。尤其是互联网等信息通信技术不断更新迭代，将政府信息公开与互联网搭建实现无阻碍对接成为适应网络时代的必然要求。再次，在部门安排上，当前各级行政部门都开设了专门负责信息公开工作的机构，并配套了相关公务人员在对应岗位任职。减少了信息公开工作中存在的权责不清、部门间互相推诿现象的出现，进一步明晰了政府公开主体的职责。最后，在考核评估上，各级政府优化了绩效考核模式，改变了以往只依靠上级主管部门的评价主体相对单一的考核方式，加入了社会面的第三方评估考核主体，如与科研院所等学校科研机构合作，构建更为全面的评估体系，对政府信息公开工作各项指标等进行量化，以求能客观真实地评估政府部门在信息公开方面的工作，进一步完善信息公开制度框架。

政府信息公开制度在2019年进行了新的修订，与2007年《条例》相比，有了很多新的特点和内容，本文无法一一进行列举，因此，选取了两方面，主要从依申请公开内容和监督救济制度的内容变动进行特点分析。

首先，依申请公开制度主要是程序性的规定，是规范信息公开申请、处理全过程各个环节的具体程序，在实践过程中，依申请公开可能会被认为所指向的是特定信息，与主动公开所指向的特定信息相对应，这并不准确。2019年《条例》内容的规定在一定程度上可以限制申请人滥用权利给行政机关造成工作负担，同时也能减少行政资源的浪费。2019年《条例》第三十五条规定了申请人的申请数量、频次超出合理范围，行政机关可以要求申请人说明申请的理由，对于没有合理理由的申请，行政机关可以拒绝公开。在现实中，可能会有公众通过依申请渠道获取一些政府信息，用来实现某些营利或非营利的其他目的，新内容的修订可以在一定程度上缓解这类情况。比如，可能会要求申请人提供所在或指定单位出具的用途等各种证明材料来限制申请人所提出的申请。申请人在面对以上这些限制申请的条件和情况时，有可能会选择放弃申请，也可能选择救济自身的合法权利。如果申请人重复地向行政机关申请政府信息，这会违背依申请公开制度设计的初衷，不仅会浪费行政资源和司法资源，并给行政机关带来不必要的工作，同时对申请人来说也是一种时间精力的浪费。2007年《条例》

在第十三条中规定，将“三需要”作为提出政府信息公开申请的限制条件，即使规定了“三需要”，不过却没有规定“三需要”的证明形式和标准，给行政机关和申请人都带来了各种问题。2019年《条例》直接将“三需要”删除，意味着公众不管是何种目的的申请都能够向行政机关提交，行政机关都无法拒绝。2019年《条例》对于依申请公开“三需要”目的的修改无论是给行政机关还是公众都带来了便利，有效地避免了行政机关与政府信息申请人由于申请目的所产生的纠纷。

其次，2019年《条例》的修订内容中，对监督救济制度的规定也作出了改动，细化了监督救济制度的内容，对于保障公民权利，规范政府信息公开工作具有重要意义。政府作为信息发布的主体，占据着主动地位，公众会变得较为被动，使公众知情权可能无法得到保障。在实践过程中会出现规定不明确导致的争议和问题。现行的2019年《条例》中关于监督救济制度的相关规定可以在一定程度上保障申请人的权利及合法权益，减少行政纠纷。2019年《条例》中将信息公开申请人的投诉、举报行为缩小了范围，更能保障申请人的合法权益，而且明确了监督的责任机关，而2007年《条例》第三十三条规定中所指的监察机关指向不明确，而且我国的监察机关较多，对于普通民众来说，如何区分这些行政机关及其所行使的行政职能并不是容易的。而2019年《条例》内容的修订可以在一定程度上减少行政纠纷，也是我国政府信息公开制度不断进步与完善的标志。同时，对于政府信息公开的责任机制也作出了规定，明确责任机关对于规范政府信息公开工作，保证政府信息公开工作有秩序地运行起到了一定作用。

除了在内容上做出了一些改动外，在实践工作中也取得了一定的成果，尤其在公开平台搭建方面，网络技术的日益发展与普及，为政府信息公开提供了平台，新闻发布会、访谈、门户网站、政府公报、政务新媒体等传统形式与新兴媒体形式的结合，都为信息公开方式拓宽了渠道，并推动了政府数据开放。

国家对于政府信息公开工作和重点领域内容的要求每年都在变化，《2021 年政务公开工作要点》强调要坚持以人民为中心深化政务公开，再次厘清政务公开工作思路，提出新要求，深化政务公开领域工作，在建立长效机制，完善制度规范上下功夫。政策解读、重点领域公开、深入推进决策和执行公开，其重点都是围绕着群众，为了服务群众、方便群众、使群众了解政策，公布他们关心的内容。《2022 年政务公开工作要点》中要求加快转变政务公开职能，服务党和国家中心工作，重点围绕助力经济平稳健康发展和保持社会和谐稳定、提高政策公开质量、夯实公开工作基础等方面深化政务公开，更好发挥以公开促落实、强监管功能。每年的工作要点的新要求和新变化均体现了国家对政府信息公开工作的重视。

除国家层面的要求和实践之外，地方也在不断开展关于政务公开的活动。例如，上海市将 8 月确定为全市政府开放月，2021 年各区各部门也都相继开展了“政府开放月”的系列主题活动，以开放增交流、强治理、促执行、提效能、增进与公众的互动交流，进一步提升人民群众对政府工作的认同感。在活动期间，上海全市共开展线上线下开放活动 1443 场，参与人数 7053449 人。从“政府开放日”“政府开放周”再到“政府开放月”，活动主题覆盖了政务服务、社会治理、公正监管、民生保障等各个方面，将“以人民为中心”的发展理念落到实处，使群众可以广泛参与提升政府效能并推动政府职能转变，给其他地区提供了借鉴。

在这一阶段，政府信息公开制度在实践中完善，国家层面的法律法规让信息公开更加为民所用，推动了政府职能的转变，有助于打造服务型政府，同时也推动着我国政府迈入治理体系现代化的进程。

第三节　我国政府信息公开制度的体系结构

由于政府信息公开问题的复杂性，决定了它是一个系统的制度建设过程。一套完整的政府信息公开制度的建立应当包括多项相关制度的建设，这些制度互相配合构成一个完整的体系结构，从而使政府信息公开制度的作用得到充分发挥。笔者认为，我国政府信息公开制度的体系结构主要包括以下内容。

一、政府信息公开主体制度

政府信息公开作为政府机构的一种行政行为，其首要的因素就是主体参与。有行为必有主体，没有主体的参与，行为不可能发生，政府信息公开也就无从谈起。因此，建立政府信息公开制度的首要问题就是要设立明确的政府信息公开主体制度。研究政府信息公开主体制度的意义主要在于：

第一，政府信息公开主体是政府信息公开活动的参与者和推动者，是实行政府信息公开的基础和必备要素，是政府信息公开制度建设的重要内容。政府信息公开主体的范围，涉及对公开政府信息负有义务的主体；有权获取政府信息的主体，以及有权对政府信息公开活动进行监督的主体等。每一类主体在政府信息公开制度中都发挥着特定的作用。如果没有明确的享有政府信息获取权的权利主体，那政府信息公开制度就失去了受益的对象，从而失去根本的动力；如果没有明确的负有公开政府信息义务的义务主体，那政府信息公开制度就失去了直接的行为人，从而成为一纸空文；如果没有明确的监督救济主体，政府机构的信息公开行为无法得到有效的监督和制约，那政府信息公开制度就失去了重要保障，从而使公众的知情权无法得到落实。因此，完善的主体制度是保障政府信息公开制度有效运行的基础环节。

第二，确立适当的政府信息公开主体范围，有助于建立适合国情的政府信息公开制度。按照在政府信息公开活动中所承担的不同角色，政府信息公开主体主要包括权利主体、义务主体和监督主体三类。对每一类主体所包括的具体范围，各个国家的规定并不相同。如对于权利主体，各个国家都认为它应当是指有权获取政府信息的人。但是对“人”的范围的理解，各个国家并不一致。从“人”的自然属性而言，它可以指自然人，也可以指法人等组织机构。作为政府信息公开主体的“人”，从自然属性的角度，其范围应当如何确定呢？是仅指自然人还是既包括自然人也包括法人呢？从“人”的国籍而言，它可以指本国人，也可以指外国人。那作为一国政府信息公开主体的“人”，到底是否应该包括外国人呢？对于这些问题，不同的国家都根据本国的实际情况作出了不同的规定。例如，美国、日本、保加利亚等国的政府信息公开法允许外国人和本国人一样可以依法获取政府文件，而加拿大、澳大利亚、韩国等国家的政府信息公开法则规定，外国人不能依据信息公开法提出公开申请。对于政府信息公开的义务主体，它一般是指负有信息公开义务的政府机构。但是“政府机构”是一个泛指词汇，在不同的领域其所指的具体范围并不相同。那么，在政府信息公开制度中，政府机构的范围到底该如何界定呢？如果界定过窄，那显然会使政府信息公开制度的目标大打折扣；如果界定过宽，在实践中很难实现，又难免会使政府信息公开制度落空。因此，只有结合本国的国情来界定合适的义务主体范围，才能使政府信息公开制度取得实效。对于政府信息公开的监督主体，受各个国家现有行政监督制度的影响，其主体范围也各不相同。而且，由于政府信息公开制度的特殊性，有些国家还在现有行政监督主体的基础上，增加了一些专门的监督主体。例如，日本的信息审查委员会，英国的信息专员等。

从以上分析可以看出，确定合适的政府信息公开主体范围，既要考虑一国的法律文化传统，又要考虑一国的政府信息公开实践，同时还要考虑政府信息公开行为的特殊性，只有这样，才能建立起适合国情的政府信息公开制度。因此，对政府信息公开主体制度进行理论研究，有利于促进政府信息公开实践活动的顺利开展，从而真正实现政府信息公开制度的目标。

二、政府信息公开内容制度

政府信息公开的内容，是政府信息公开行为所处理的对象，具体来说，就是指政府机构所拥有的各类政府信息。政府信息公开的内容范围是整个政府信息公开制度的核心问题，因为建立政府信息公开制度的目的就是为了最大限度地公开政府信息，以保障宪法所赋予公众的知情权和民主参与权利的实现。没有政府信息公开的内容，无论主体是多么明确，程序是多么完备，监督是多么有效，政府信息公开制度也只能成为空中楼阁。而且，政府信息公开内容范围的宽窄，也直接决定了政府信息公开的程度。

政府信息公开内容制度建设，主要包括两个方面，一是确定应当公开的政府信息范围，另一个是确定不能公开的例外信息范围。建立政府信息公开的目的就是为了尽可能地公开政府信息，因此，确定政府信息公开内容的原则应当是“以公开为原则，以不公开为例外”。

对于政府信息公开内容中应当公开的政府信息范围，由于各国的政府信息公开程度不同，所以，其涵盖的内容也有所不同。综合各国的规定，应当公开的政府信息范围主要可以分为以下几类：

（1）政府信息公开义务主体的事权、财权、人事权等方面信息。这一类信息是有关政府机构的宏观信息，其中，事权信息主要包括政府机构的大政方针、规章规范、政策决策等内容；财权信息主要包括政府财政资金预算和使用情况方面的信息；人事权信息主要包括政府机构的领导履历、人员构成、人员任免等方面的信息。这些信息是社会公众进行行为和决策的依据，也是公众参与国家管理，监督政府行为的重要基础，因此，必须予以公开。

（2）政府信息公开义务主体的职能及办事信息。这类信息是有关政府机构直接面向行政相对人的具体信息。它主要包括政府机构的部门设置、职能分工、职责范围、办事内容、办事依据、办事条件、办事程序、办事时限、办事结果及办事纪律等内容。这些信息同政府机构实施的行政管理与提供的行政服务行为直接相关，对于社会公众的切身利益有重要影响，因此应当向公众公开。

（3）政府信息公开义务主体的行政过程信息。这类信息主要包括政府机构制定政策的过程，召开会议的过程及作出具体行政行为的过程等方面的信息。这些信息的公开，对于促进政府决策的科学和透明，保障公众民主参与权利的实现具有十分重要的意义。例如，美国在《阳光下的政府法》中就规定了合议制行政机关的会议必须公开举行，允许公众观察会议的进程，取得会议的信息和文件等。

（4）其他相关信息。除了上述几类信息外，其他所有由政府机构在行使管理职权过程中制作、收集、整理和保存的信息（不包括例外信息）都属于应当公开的范围。

对于政府信息公开内容中不能公开的例外信息范围，虽然在数量上远远少于应当公开的信息，但是，它在政府信息公开内容制度中却占有十分重要的地位，因为例外信息范围的宽窄，直接决定了一国政府信息公开的程度。因此，各国对于本国政府信息公开的例外信息范围都作出了明确的界定。一般来说，政府信息公开例外信息主要包括以下几类：属于国家秘密或者公开后可能导致国家秘密被泄露的信息；属于商业秘密或者公开后可能导致商业秘密被泄露的信息；属于个人隐私或者公开后可能导致个人合法权益受损害的信息；与行政执法或犯罪侦查有关的，公开后可能会影响侦查、调查、取证等执法活动或者会危及他人生命、健康的信息及其他根据法律、法规、规章禁止公开的政府信息。这些例外信息，要么是与国家安全、国家利益有关；要么与公共安全、公共秩序有关；要么与个人或企业的合法权益有关，这些信息所体现的利益和公众的知情权同样重要，当知情权与这些利益发生冲突的时候，我们不能以损害其他权益为代价来实现知情权。因为任何权利都是相对的，知情权也不例外，一旦超越了公共利益的界限，知情权的行使必然要受到限制。

政府信息公开内容制度建设，在我国整个政府信息公开制度建设中占有举足轻重的地位。如何确定政府信息公开的范围及例外信息的范围，直接关系我国政府信息公开的程度和公民知情权的实现程度。。

三、政府信息公开行为制度

政府信息公开行为，是指政府信息公开义务主体和权利主体为实现政府信息公开的目标而进行的活动，它包括行为方式和行为程序两个方面。因此，政府信息公开行为制度由政府信息公开方式和政府信息公开程序两部分组成。

政府信息公开方式，是指政府信息公开义务主体如何提供政府信息，以及政府信息公开权利主体如何获取政府信息的方法和途径。政府信息公开方式是保证政府信息公开制度有效实施的重要手段，是保证社会公众顺利获取政府信息的法定途径。政府信息公开方式的合理性和多样性，直接决定了政府信息公开制度的实施效果和实施成本，并直接影响着社会公众获取政府信息的便利程度。政府信息公开方式，按照信息内容的不同，可以分为主动公开方式和依申请公开方式两种。按照信息载体不同，可以分为纸介质形式公开、磁介质形式公开和光电介质形式公开等。按照信息公开途径不同，又可以分为政府出版物形式公开、信息公告栏形式公开、新闻发布会形式公开及政府网站形式公开等。这些信息公开方式各自都有各自的特点和优势，只有将它们组合到一起形成一套完整的体系，才能最大限度地保障政府信息公开制度的有效实施。除了信息公开方式以外，政府信息公开行为制度还有一个重要的内容，就是政府信息公开程序的问题。政府信息公开程序是指政府信息公开义务主体公开政府信息，以及政府信息公开权利主体获取政府信息时所应遵循的步骤和规则。政府信息公开程序是对政府信息公开行为的规范和制约，同时，它也是实现公众信息获取权的重要程序保障。没有严格的法定程序，政府信息公开将会失去行为的规范和有效约束，公众信息获取权的实现自然也就无从谈起。因此，科学合理的政府信息公开程序对于约束政府信息公开义务主体的信息公开行为，对于保障政府信息公开权利主体合法权益的实现具有十分重要的意义。

具体来看，根据政府信息公开方式的不同，政府信息公开的程序主要有两种。一种是主动公开政府信息的程序，另一种是依申请公开政府信息的程序。对于主动公开政府信息的程序，一般是由政府机构根据法律确定的主动公开信息的具体范围，制作相应的信息公开指南，并编制相应的政府信息出版物，然后投放到易于被公众所获取的地点，供公众免费获取或查阅。对于依申请公开政府信息的程序，由于涉及信息公开义务主体和权利主体双方的参与，其过程要复杂一些。一般主要包括：①信息公开权利主体提出申请。②政府机构对申请进行初步审查。如果申请合格则接受申请；如果不合格，告知申请人具体原因。③接受申请后，政府机构进行实质性审查，以决定被申请的政府信息是否应当公开，是全部公开还是部分公开。如果决定不公开信息，则通知信息申请人不公开信息的决定及理由。除了这些基本步骤之外，有关依申请公开政府信息的程序还应规定每一个步骤的时限，以及相关的收费制度等内容。

政府信息公开方式和公开程序共同构成了政府信息公开的行为制度，它们是规范和约束政府信息公开行为，保证政府信息公开制度有效实施的重要手段。

四、政府信息公开监督制度

任何一项行政制度的推行，都不可能完全依靠行政机关自觉自愿的实施，为了保证制度的有效执行，必须建立起严格的监督机制，政府信息公开制度的推行也不例外。政府信息公开要求政府机构转变传统的保密观念和行政模式，因此，它在实行的过程中必然会受到来自政府机构的阻力。为了防止政府机构的不作为（不依法公开应当主动公开的信息）或滥用职权（不依法公开当事人合理申请的信息或随意公开不应公开的信息）行为的发生，为了真正实现政府信息公开制度所设定的目标，应当建立相应的政府信息公开监督制度予以保障。

所谓监督，一般是指察看并督促的意思，其包含的范围非常广泛。对于政府信息公开监督制度而言，可以从狭义和广义两个方面来理解。狭义的政府信息公开监督制度主要包括政府机构的内部监督制度和有关机构及社会公众的外部监督制度。而广义的监督制度除了狭义的政府信息公开监督制度之外还包括了权利救济制度的内容。权利救济制度就是指当公民的法定权利受到侵害时，通过一定的法律程序对其受到的损害进行补救，从而使其合法权利得以实现的法律制度。在政府信息公开活动中，如果政府机构没有履行信息公开义务，给公众的信息获取权造成损害，则可以通过权利救济制度对公众进行救济，并督促政府机构履行法定的信息公开义务。从这个角度来看，权利救济制度也是对政府信息公开活动的一种监督。通过比较狭义的政府信息公开监督制度和权利救济制度可以看出，狭义的政府信息公开监督制度强调的重点在于对政府信息公开义务主体即政府机构的监督问题，它关注的是政府机构的权利行使和职责履行的问题；而政府信息公开救济制度强调的重点在于对政府信息公开权利主体的权利保护问题，它关注的是如何弥补和救济受到侵害的公众信息获取权的问题，它主要是对行政行为的一种事后纠正。两者之间有共同之处，但也有明显的区别，因此，本书将这两种制度独立开来，分别予以研究。本书所探讨的政府信息公开监督制度仅仅是指狭义的监督制度，而对于救济制度的问题将作为单独的内容予以探讨。

政府信息公开监督制度的构建，关键是要建立一个完整的监督体系结构。在监督的层次上，既要有行政机构的内部监督，又要有立法机构、司法机构的外部监督，而且，还要建立健全典论媒体和人民群众的社会监督。在监督的方式上，既要有日常的例行监督机制，又要有不定期的检查和个案的监督，既要有事前的监督，又要有事中和事后的监督。在监督的主体上，既要充分利用现有的行政监督主体，又要针对政府信息公开的特殊性设立新的监督主体。监督制度的好坏，直接决定了政府信息公开制度的实施效果，它对于实现政府信息公开制度所设定的目标具有重要的保障作用。

五、政府信息公开救济制度

和政府信息公开监督制度一样，政府信息公开救济制度也属于政府信息公开的一种监督保障制度，只不过其着眼点在于通过对公众遭受侵害的合法权益进行权利救济，从而纠正政府机构的违法行为，保障公众合法权益的实现。因此，政府信息公开救济制度是通过事后弥补与纠错的方式来保障政府信息公开制度的有效执行。“有权利必有救济”，“无救济的权利是无保障的权利”，这是现代权利观念的一条基本准则，也是构建政府信息公开救济制度的理论基础。在政府信息公开活动中，政府作为信息的拥有者，如果它不履行相关的信息公开义务，那么，就会对公众的信息获取权造成损害，因此，必须建立相应的保障制度，通过一定的法律程序来纠正政府机构的错误行为，保证公众信息获取权的实现，这种制度就是政府信息公开救济制度。权利依赖于救济，救济是防止对权利的侵害，以及当权利受到侵害时矫正和补救侵害的手段。如果没有救济制度，那么，无论获取政府信息的权利制度设计得如何严密，它也难逃被束之高阁的命运。

在我国现行行政法律制度体系中，行政救济制度一直占有十分重要的地位，它主要包括行政复议和行政诉讼两个部分。我国政府信息公开救济制度的构建，应当首先考虑与国家现有行政救济制度相衔接。在此基础之上，还应设立适应政府信息公开权利救济特殊要求的专门救济制度。

六、政府信息公开配套制度

政府信息公开制度的核心内容是对政府信息公开活动进行规范，因此，上述有关政府信息公开制度体系中的各项具体制度都是围绕政府信息公开活动本身来构建的。但是，政府信息公开制度的建设，政府信息公开目标的实现，仅仅依靠对政府信息公开活动本身进行规范是不够的，它会受到其他很多因素的制约。实行政府信息公开绝不仅仅是给政府机构增加了一个法定义务，多了一项工作职责那么简单，因为政府信息公开并不是政府机构简单增加的一项工作，它实质上是对政府机构传统管理思维和管理方式的全面变革。这就意味着在政府信息公开活动的实践过程中，必定会遇到传统管理模式的阻碍，必定会与传统管理制度发生矛盾和冲突。在我国政府信息公开实践过程中，就已经出现了由于传统保密制度、档案管理制度，以及权利救济制度的相关规定不符合政府信息公开的理念，无法满足政府信息公开的要求，从而导致公众获取政府信息遇到了很大障碍。面对政府信息公开活动所存在的大环境，如果不想办法解决它与周围环境的冲突和矛盾，那政府信息活动的进行就会遇到很大阻力，政府信息公开的目标也无法顺利实现。因此，我们在关注与政府信息公开活动直接相关的各项制度构建时，还应当加强政府信息公开配套制度的建设，通过改进和完善与政府信息公开活动相关的其他政府管理制度，使其与政府信息公开活动协调一致，互相配合，从而创造出有利于政府信息公开制度推行的良好外部环境，更好地促进和保障政府信息公开目标的实现。

第七章　我国政府信息公开制度的立法建设

第一节　政府信息公开制度的法治价值

一、立法价值释义

任何立法，只要是为了实现某种目标和解决一定问题，无论是民间立法还是国家立法，也无论是议会立法还是行政立法、司法立法，都会涉及立法价值问题。什么是价值和立法价值？“价值”一词最初出现于18世纪，在经济学鼻祖——亚当·斯密的经典著作中就已出现，其本来的含义是指商品交换的质与量。后来，该词被广泛应用于哲学及其他学科中，成为对经济、道德、审美及逻辑等进行研究的一个范畴；与此相应，价值被赋予了较广泛意义上的善的含义，成为涵盖诸如正义、公正、效率等内容的“大词”。一般来说，价值被区分为工具价值与内在价值。立法价值通常不是指立法作用或立法的有用性，而是指立法主体的需要与立法对象（法律所要调整的对象）间的相互关系，表现为立法主体通过立法活动所要追求实现的道德准则和利益。所谓立法主体，在民主政体下是指立法权效力范围内的全体人民，特别是他们的立法代表。立法者作为全体人民的代表所要谋求实现的，不仅是立法内在的崇高道德准则——正义、公平等，同时也是立法外在的利益形式。这种正义与利益的结合，构成了现代立法价值不可分割的两个方面，即工具价值和内在价值。立法正义价值是立法的内在价值，是立法者毋庸选择的价值，利益价值是立法的外在价值。立法价值还包括其他内容，如人权、自由、公共秩序、社会道德、国家安全、文化习俗。在宪政民主条件下，立法实际上就是一个实现立法价值、平衡利益需要、解决矛盾冲突的过程。

由于价值基础不同，不同国度、不同阶段的立法价值取向会有区别。立法的价值基础基于一系列的社会基础之上，这些社会基础主要包括伦理基础、社会基础、利益基础和程序基础。伦理基础构筑了立法价值的正当性，立法价值的合伦理性是指立法过程所涉及的价值问题，包括价值判断、价值权衡、价值选择，以及价值期望等都能经受社会普遍伦理的考验，即没有违背伦理的价值涉项。社会基础铸定了立法价值的适应性，立法价值的真正基础是在弥合社会成员之间的分歧，扩大他们之间的共识，维护整个社会的团结。利益基础造就了立法价值的中心关怀。在一个多元的社会中，由于利益的交错，不同的利益主体多以自身利益为出发点，来设计立法的应然价值目标，并根据自身利益的满足程度对立法进行评判，因此，不管立法作出怎样的价值选择，都有可能产生利益的冲突。立法是在不同的利益诉求者之间进行权衡，寻求不同的利益者的平衡。程序基础则成为立法价值权衡过程之正当性的基本保障。立法程序是对立法过程的程序规制，在立法者为善的假设下，唯有正当的立法程序才是奠定立法公正的制度基础。法律从来就不是简单的控制社会的工具，它同时也是一种价值载体，一项立法的价值可能是多元的，但是，只有那些能够被社会所普遍认同的价值才能赋予法律生命。

二、行政法立法价值变迁

从 1978 年以来，由于我国处于经济发展和社会变革时期，政府主动推进立法从而实现市场要素的培育和社会秩序的构建，这一时期的立法的特点表现为：

第一，立法启动的自上而下与立法过程的精英决策。这主要体现在执政党对立法的强大影响上，表现为中共党员提出立法建议的宪法惯例；对重要法案的事先审查；控制人大代表的比例和构成；向国家机构推荐重要干部担任重要公职等。而我国执政党一党连续执政的体制和党内自上而下的领导模式，决定了我党对立法的引领实际上是一种精英政治。

第二，推崇前瞻性立法。从既有的关于改革和社会发展的前景出发，进行“探索性”立法，从而造成法律内容相对社会经济文化现状的超前性，使规引内部自发变迁动力不足的社会构成在这种规范外力的影响下，向较为确定的模式发展。技术表现形式上，这种立法发展方式重原则性和指导性，使得概括性的价值规范设计频繁，而具体的程序要素和后果却缓缓不能跟进。

第三，鼓励实验性立法。“授权立法”和“先行立法”是这种立法形式的典型表现，所谓“授权立法”是指全国人大及其常委会授予国务院对某些应属“法律规制的事项”先指定行政法规，等条件成熟后再由全国人大及其常委会制定“法律”取而代之。“先行立法”是指地方权力机关可根据地方事物的需要，对应属法律或行政法规调整的事项在尚未形成这一效力层次的相关规定时，先制定地方性法规加以调整。

第四，认为法律是政策的固化和总结，强调社会现实的变动性高于法律规则的稳定性。淡化法律实施的严格性。这一期间的立法更倾向立法的工具性价值，而将内在价值搁置一旁，强调法的适应性，忽视法的稳定性。行政机关在启动立法方面具有支配性优势，部分立法赋予石政机关较宽松的权力，给予行政相对人较为严格的法律责任，如果行政立法成为政府部门制定用于管理公民的法律，而不是控制、监督行政的法律，立法的内在价值没有体现，这样的立法将在现实面前显得苍白无力。

无论是理论界还是实务界都意识到在这种工具性价值指导下的立法的局限性，它也是变革时期的产物，随着我国经济、社会的不断发展，我国的法制进程不断往前推进，尤其是行政法制的建设，我国行政立法的价值理念也在行政法理论基础的不断推动下逐渐变化。行政法理论基础是构建行政法的基础，是贯穿行政法理论和基本制度的精神内核，能够反映这些理论和制度之间的内在联系。由于行政法理论基础是一个较为深奥的理论问题，在行政法学界关于行政法理论基础的观点是仁者见仁、智者见智的。在我国比较有代表性的观点有：管理论、控权论、平衡论。

管理论是从苏联、东欧各国及我国早期的一些行政法学者对行政法的定义“行政法既是管理行政机关的法，又是行政机关进行管理的法”提出的关于“行政法就是国家管理法”的定义和相关的理论体系中引申出来的。这种观点曾长期在我国行政法学界占据主导地位，尤其是20世纪80年代和90年代初几乎各种版本的行政法学教材和专著都采纳这种观点。管理论学说的四个基本特征为：①强调行政权力的优越性；②忽视个人权利保障；③有关行政程序和司法审查的理论相对落后；④行政法理论体系和结构具有明显倾向性，以管理法为中心，监督法、救济法在体系中处于很次要或被忽视的地位。社会主义国家在其建立和改革之初，为了维持革命秩序，恢复国民经济，提高效率，解决国家和人民生存的种种问题，强调和加强政府的集中管理，在这种理论基础的指导下，行政立法的价值选择则是维护“行政秩序”，追求行政效率，忽视个人的权利，仅仅“实现了最低层次价值”。

控权论是从一些英美行政法学者关于“行政法是控制政府权力的法”这一定义和相关理论体系中引申出来的。如英国著名的行政法学者威廉·韦德认为“行政法定义的第一个含义就是它是关于控制政府权力的法”。美国行政法学家的始祖古德诺认为“故所谓行政法者，为公法之一部分而规定行政官吏之组织，及其能力且指定权利侵害之时，而以救济之道予个人者也”。我国学者孙笑侠也认为行政法的理论基础是控权论，对行政法的定义是，“与其说近代行政法是控权法，不如说它是限权法。事实上现代行政法才是‘控权法’，并且出现了多种控制方法并存的局面。现代行政法是综合控权法，即多元控权法”。控权论的主要特征：①限制行政权力的范围和防止滥用职权；②遵循规则主义的法治思想；③强调立法对于行政权的严格控制；④主张司法审查是行政法最重要的内容；⑤坚持公正优于效率的行政程序；⑥主张个人利益优于公共利益。它实现了行政法律秩序、行政法治的价值理念。它追求法制公正，保护公民的权利，但是忽视了对行政权有效行使的保障和行政效率的提高，不符合现代社会要求积极行政的客观现实。

以罗豪才教授为代表的部分行政法学学者提出平衡论。平衡论学者主张，行政法调整行政主体与行政相对人的关系，应尽可能“在总体上平衡行政主体与相对人的权利义务关系，兼顾公共利益和个人利益，以建立和维护民主与效率的有机统一”，它的主要特征：①行政法既要保障行政管理的有效实施，又要防止公民权利的滥用或违法行使；②行政法既调整行政关系也调整监督行政关系；③对依法行政原则有新解，对于消极行政的要求是“没有法律规范就没有行政”，受法律严格制约；④以民主和公正为宗旨，同时兼顾效率。因此，以平衡论为理论基础的现代行政法不仅能够维护行政法律秩序，而且在实现行政法治的基础上可以带来更多的公民自由，它体现了现代行政法的价值取向：行政法律秩序、行政法治、公民自由。

三、政府信息公开制度立法价值理念的选择

一般而言，任何一项立法的出台，都不同程度地受到立法价值的影响。不同的立法价值，不仅影响到对特定立法之必要性的认识，而且，对特定立法的宗旨及其终极关怀都将产生非常重要的影响。政府信息公开制度是现代行政法的一项基本制度，我国将制定法律对其进行规范，因此，在立法之前，需要对其立法价值进行权衡，选择正确、合理的立法价值是政府信息公开立法的首要任务。不同国家由于不同的文化、经济和社会背景，其在制定政府信息公开法律时，立法价值也不同。如日本以公共利益、民主为政府信息公开的立法价值，它以最大限度地实现公共利益和民主为终极关怀。如瑞典、美国以自由为政府信息公开的立法价值，以最大限度地保障与实现公民的自由和权利为终极关怀，其立法宗旨就在于通过立法的方式确保公民的自由与权利免受不必要的侵害和威胁，在立法必要性认识

上，以公民自由为最高利益。那么，我国应该如何确定政府信息公开的立法价值呢？笔者认为应该基于我国的社会、经济、政治，尤其是要基于现在的行政法的理论背景来确立我国的政府信息公开的立法价值。我国现代行政法的价值是行政法律秩序、行政法治、公民自由，那么，政府信息公开制度在立法过程中也应遵循这样的立法价值理念：行政法治与自由。

在推翻君主专制统治的近代立宪国家，法治主义是为控制和防止行政权的恣意滥用、保障国民权利和自由而创设的，它作为行政法的基本原理而得以发展。西方历史上法治观念发端于梭伦变法，亚里士多德时期已经理论化。亚氏的法治理论是在否定柏拉图的人治思想的基础上形成的，他主张“法治应当优于一人之治”，“法治应当包含两层含义：已成立的法律获得普遍的服从，而大家所服从的法律又应该本身是制定得良好的法律”。古希腊、古罗马的法治思想对西方法律文化产生了深远的影响，近代的政治学家、法学家不断对其进行发展，又赋予其新的内涵。在英国，著名的宪法学家戴雪第一次提出法治概念，他认为法治应该包括三层含义：“一是凡人民不能无故受罚，或被法律处分，以致身体或货财受累，意解作法律的至尊适用与武断权力相违反；二是在英格兰境内，不但无一人在法律之上，而且每一人，不论为贵为贱，为富为贫，需受命于国内所有普通法律，必须安居于普通法院的管辖权之治下，意解作人民在法律面前之平等；三是英吉利法院及巴力门常用法律行为，以测定元首及公仆所有地位，意解作宪法是保障个人的权利。”在法国，卢梭在理论上创造了一种新体制，即让国民代表进入国会，使主权者——国民的意志得到反映，通过代表支配政治和行政，国会或立法权至上，这在逻辑上确立了行政权从属于立法权的体制，从而为法旨行政原理提供了依据。由于法律传统、文化背景、政治体制等的不同，在不同的历史阶段与地域展示出不同的法治内涵，不过所有的法治理论与实践都演绎为两种法治形式：形式法治与实质法治。首先对法治作这种分类的是维也纳大学法学教授、纯粹法学派的掌门人凯尔逊，他在1925年在德国柏林出版社出版的《国家学总论》中，提出了实质意义与形式意义法治的差异。法治发展的整体趋势是从形式法治走向实质法治。形式法治是把法治作为一种治国方法，强调行政必须依法而为，遵循严格规则主义，即“无法律即无行政”，政府只能在法律规定的范围内行事，不能有自由斟酌、自由选择的余地。由于行政管理的领域越来越宽泛，一旦立法落后于行政，则行政将束手无策，因此，形式法治越来越不适应社会的发展。实质法治引起社会的青睐，因为，政府的职能发生了根本变化，政府的行政职能不是一种权力，而是一种为人民提供“福利”的服务，因此，行政执法的强制性减弱，积极行政将日益代替消极行政，授益行政将逐渐超过负担行政，行政手段日益多样化或非权力化，这样政府部门的自由裁量权越来越多，对每个执法行为都立法是不现实的。政府信息公开制度是一种积极行政，随着社会的不断发展，信息的种类在拓宽，人们的法律观念、信息意识都在提高，对政府信息公开的要求也越来越高，在进行立法时就必须以实质法治的价值作为指导。

政府信息公开制度的另一价值理念是自由，因为它的宪政基础是表达自由权与知情权。什么是自由？自由是哲学和法学上的永恒命题，是每个关心自由的人都想弄清楚的问题。在日常用语中，自由一词的意义并没有那么复杂，就是指不受限制或阻碍。

说一个人是自由的，就是指他的行动和选择不受他人行动的阻碍。这是自由的本义，任何其他意义都是从此延伸出来的。孟德斯鸠认为自由就是作法律允许的事情，但是他推断的法律是符合人民意愿的良法，恶法不在他所指的范围内，因此，他认为只有符合法的精神的统治才是合法的，法律的最终目的是保障公民的自由。前者指的是“不受他人的干预和限制”；后者指的是“自己依赖自己，自己决定自己”。我国的学者则把前者译作“摆脱的自由”或“消极自由”，把后者称为“自为的自由”或“积极自由”。现代自由主义者大部分都认为个人可以在良法的范围内取得行动的自由，它包括以下几层含义：第一，不带歧视、保护公民权益的法律本身即可从制度上保障公民自由，而保护特殊人群特权的、不公正的法律则会损害公民自由；第二，在良法的范围内，即使法律带有限制公民某些行动的形式，但由于这种限制是为了保障普遍的公民自由，因而是对公民的小限制、大自由；第三，良法本身还为广泛的选择自由留有充分的余地。法律并不限制自由，而是保护人民的普遍自由，自由成为法律的灵魂和终极目标。我国法理学者付子堂认为法律对自由的限制必须符合四项基本原则：原则一，是法律基于社会生活条件的制约而限制自由；原则二，是法律基于社会及他人利益的维护而限制自由；原则三，是法律基于行为人自身利益的增进而限制自由；原则四，是法律基于各项自由的协调而限制自由。政府信息公开对于政府部门来讲是不可推卸的责任，是福利行政下的一项新的职责，而对公民来讲，是他们享有的一项消极自由权，政府不履行责任则会侵害公民的知情权，公民的知情权的实现取决于政府部门的作为与不作为。我们过去的立法是以政府部门为中心，很少考虑公民的利益，是一种官僚式的立法，不正当地限制了公民的权利与自由，形成政府部门与公民的隔膜与对立。我们现在要打破行政法这层隔膜，在现代沟通与交流的机制下，让自由、平等之精神流淌于行政主体与相对人之间，实现公共利益与私人利益的互惠，形成在行政法的规则内的互不侵犯的自由。政府信息公开制度立法时，以自由作为它的价值追求，以实现公民的表达自由权、知情权为目标，设计制度保障这些权利与自由的实现，尽量不限制公民的自由，即便设定一定的限制，也是为了更充分地保障公民表达自由与知情权的实现，而不是为了政府部门的利益与方便。

第二节　政府信息公开制度立法体系

一、确立政府信息公开制度立法体系的必要性

立法体系就是行使国家立法权的最高立法机关和行使立法性职权的其他立法机关构成相互区别又有机联系的统一整体。它具有基础的统一性、国家机关的多样性、结构的层次性的特征。一个完整、健全的立法体系对一项法律制度的建设具有非常重要的意义。我国的政府信息公开制度的立法体系存在一定的缺陷，建构科学的立法体系有如下的意义：

（一）有利于政府信息公开立法规划的科学化

确定立法规划及其实施的具体计划、步骤与分工，是完备和完善政府信息公开法的必要举措。立法规划是否科学、周密，直接影响到政府信息公开法是否完备和完善。而要使每一个现实的政府信息公开立法规划都是科学的，首先必须对政府信息公开立法体系有较为清楚的认识和整体上的把握。只有对政府信息公开立法体系有比较明确的认识并从整体上把握它，才能有计划、有步骤地去完备、完善它，才能较为科学地确定在一定时期内的立法规划。否则，政府信息公开立法规划便会是行政工作形式的，或是头痛医头、脚痛医脚式的，甚或是东一榔头、西一棒子式的，较为随意的立法，并受领导人或决策者一时的兴趣、现时的工作任务、注意力的转移或个人偏好的极大影响。我国现在的地方立法就出现了这种现象，严重浪费我国有限的立法资源，并使我国的立法失去了一定的权威性。立法规划的科学既能节约立法的资源，也能避免立法的重复与冲突，树立法律的权威。

（二）有利于政府信息公开立法的体系化和完善化

只有通过研究，较为清楚地揭示政府信息公开立法体系的应有面貌，立法者对此有较为明确的认识和整体把握时，才可能较为合理地确定何种法律条文应由法律规定，何种法律条文应由行政法规或地方性法规规定；才可能较为科学地判断哪些内容应由专门的信息立法确定，哪些内容由配套的立法与相关的立法去确定；才可能确定正在进行的立法处于法律体系中何种位置，此法与彼法的联系与分工，从而避免立法的盲目性，减少立法过程中无谓的争议，使政府信息公开立法趋于科学和完善，最终构成合理的政府信息公开法体系。

二、政府信息公开制度立法体系的确立

（一）知情权入宪是政府信息公开的宪法保障

知情权是政府信息公开制度在宪法中的直接的权利来源，我国的宪法中没有直接规定，致使我国的政府信息公开制度缺乏直接的宪法来源。知情权作为公民的一项基本人权，应首先在宪法的层面上得以确认，因为基本权利属于宪法保留事项，其判断标准仰赖于抽象人权法的理性思辨及习惯法的支持，比较法的域外影响。由非宪法性的规范来界定和创设属于基本人权的知情权，会使基本权利丧失固有的架空宪法的权威性。由专门的宪法条文原则规定是许多新兴民主国家的选择，如泰国现行《宪法》第58条规定："一个人应当有获得国家结构的公共信息的权利，对国有企业或地方政府组织而言，除非这样的信息公开会影响国家安全、公共安全或其他人利益，都应遵从本法的规定。"尼泊尔《宪法》第16条规定："每个公民都有权要求和获得有公共价值的任何信息。"南非共和国1996年《宪法》第32条规定："每个人都有权获得任何国家机构持有的信息；并且为了保护或运作任何权利，获得他人持有的信息。"斯洛伐克共和国《宪

法》第 26 条第 1 款规定:“言论自由和知情权应得到保障。”随着国际发展的趋势与我国改革的推进，社会的发展，公民的权利意识的增强，公民对政府信息的需求增加，对知情权的诉求日益增多，把知情权写进宪法势在必行。除了在宪法中确认公民的知情权，还需要在宪法性文件《地方各级人民代表大会和地方各级人民政府组织法》中增加各级政府职责：公开行使行政职权，切实保护公民的知情权。

（二）制定《行政程序法》是政府信息公开的程序保障

行政程序法的价值体现在三个方面：第一，规范行政程序，监督行政权的合法行使，体现了法治政府和责任政府的理念，更重要的是对行政过程实行事先自我控制；第二，行政程序法赋予了行政相对人程序权利，相对人与行政主体具有平等的法律地位，保障其权益，促进行政民主化；第三，实现了公共利益与私人利益的双赢，利益均衡原则得以体现。行政过程的公开与行政相对人的参与是行政程序法的核心，这些内容需要通过一系列的制度具体化，在行政程序法中一般包括以下的制度：信息公开制度、职权设定与授予制度、职能分工与协作制度、听证制度、回避制度、说明理由制度、教示制度等，公民的知情权与政府信息公开就是其中一项重要的制度，有的国家的行政程序法中详细规定了政府信息公开的内容，不再颁布专门的信息自由法，如葡萄牙的《行政程序法》的第 3 部分的第 2 章第 61 条专门规定了资讯权:“（利害关系人的资讯权）一、如私人有所要求，有权取得由行政当局提供与其有直接利害关系的程序进行情况的资料，并有权获得对该程序作出的确定性决定。二、需提供的资讯，包括指出卷宗所在的部门、已作出行为与措施、需由利害关系人补正的缺陷、已作的决定以及任何所要的资料。三、根据本条规定所要求的资讯需在不超过 10 日内提供。”大多数国家是在行政程序法中规定了行政公开原则，行政公开贯穿在整个行政程序法中，作为政府信息自由法的行政法上的依据，我国正在草拟讨论行政程序法。我国的行政程序法的专家建议稿不像葡萄牙的行政程序法，详细规定信息公开制度，而是原则性地规定公开原则，把这一原则落实在其他的具体制度中，在行政程序法的基础上制定专门的信息公开法。

（三）制定信息公开法修改与制定配套的法律是政府信息公开的制度保障

无论是学术界还是实务界都已经达成共识，我国应该制定一部统一的政府信息公开法。采用何种立法模式及政府信息公开法的基本原则与具体内容的构建在下文将作详细地论证，在此不予论证。政府信息公开法出台后，一方面需要对现有的相关法律（如《国家保密法》《档案法》等）进行修改和完善，保持信息公开与保护国家安全、个人隐私及商业秘密的平衡；另一方面信息公开制度不是一项孤立的制度，它需要相关制度的配合，近阶段需要制定新的相配套的法律:《隐私权法》《行政会议公开法》《财产申报法》。行政机关不仅掌握大量的公共信息，而且也掌握了大量的个人信息，在行使信息公开时就可能泄露个人的信息，给公民造成损害，制定相配套的《隐私权法》是必要的，它应该包括以下内容:隐私权的内容、范围，同意公开的程序，禁止公开的例外等制度，并修改、完善民法中有关隐私权保护的法律、法规和司法解释，保持与行政法的协调性。我国各行政机关虽然实行行政首长负责制，但依据宪法的规定，仍然需要通过“两会”即全体会议和常务会议决策重要的行政事项，具体行政部门决策本部门的重要事项也要通过会议形式，如办公会议、扩大会议、专题会议等，因此，建立行政机关各类会议公开制度，制定《行政会议公开法》是对政府信息公开法的重要补充。公职人员财产申报制度是实现行政公开的前提条件，只有国家行政公职人员清正廉洁，才能达到政治清明的结果。建立公职人员财产申报制度，必须制定公职人员《财产申报法》，要明确规定:申报对象，申报内容，申报程序，申报主管机关，法律责任。这些相配套的法律的出台能更好地保证政府信息公开，保证个人权益不受政府及第三人的侵犯，并能遏制腐败，提高行政效率。

（四）修改、完善地方法规与规章，保证法制的统一性

我国采用的是一套法律体系，一种法律体制，因此，应该保持地方、部门的立法与中央的立法的一致性，不能相互冲突。当中央的行政程序法、信息公开法出台后，应及时修改这些先行的地方性法规、规章，使其与上位法保持一致，不相违背，保持我国法制的统一性。同时，这些地方立法和部门立法应该根据本地或本部门的实际情况，制定出更具体、操作性更强的地方性或部门性法规和规章，而不能照搬上位法，也不能越权规定相关的内容。

第三节 政府信息公开制度立法模式的选择

一、立法模式释义

所谓模式，又称为模型，是指某一系统结构或过程状态经过简化、抽象所形成的样式。模式所反映的不是系统或过程原形的全部特征，但能够描述出原形的本质特征。法律模式指的是法律的基本系统结构与立法、执法的基本样式，以及法律类型、法律原则等基本特征。立法模式是法律模式中的一种，北京大学行政法学者姜明安认为立法模式包含三种模式：目标模式、法体模式、制度模式。目标模式是价值层面，我们在上文已经作了论证，我们的政府信息公开制度以行政法治、公民自由为其价值理念。制度模式将在下文对政府信息公开制度的具体制度一一阐述，在此我们仅研究政府信息公开制度的法体模式，即立法的外在表现样式。

立法模式也不是孤立的，而是与社会环境、文化传统等其他事物紧密联系的。立法模式也不是立法者任意选择的结果，它取决于政体结构、法治现状与发展趋势、公民的法律意识等因素，并且它不是一成不变的，随着社会的变化，立法模式也可能发生变化，如日本，在二战之前，它就是典型的大陆法系，二战之后，转向了英美法系模式。

二、政府信息公开制度立法模式的选择

由于各国国情和历史传统不同，它们在制定信息公开法时又表现出了各自的一些特色，把这些特色加以归纳，国外有三种较为典型的立法模式：

（一）分散式立法模式

分散式立法，是指政府信息公开的有关条款分散规定在一些单行法中。等时机和条件成熟，再制定单独的信息公开法。这种模式以英国为典型代

表。英国在制定《信息公开法》之前，公民获取政府有关信息的权利主要分散在一些单行法中。如1984年英国国会通过的《地方政府法》赋予了公众获知地方议会的会议报告和文件的权利；1988年，通过的《环境和安全信息法案》规定，当有机构或组织违反环境保护和安全的法令时，公众有获知相关信息和处理措施的权利，1990年的《健康数据获得法案》获得通过，此法案赋予公众查阅自己医疗信息的权利等，一系列单行法案的出台赋予了公众信息自由权，并满足了公众的需求。其中，有两个方面的原因，一方面是这些规定概括性强，操作性差，有些政府机关比较容易规避法律义务，另一方面是这些单行法所赋予的权利是非常有限的。20世纪90年代后期，制定统一政府信息公开法律的呼声越来越高，终于在2000年11月，英国议会通过了《信息公开法》，结束了分散立法的局面。

（二）地方先行立法模式

地方先行立法模式是指在国家信息公开立法存在“空白”的情况下，由立法机关在其立法权限范围内制定低位阶的法律规范，来规制本地方的政府信息公开活动。等国家制定了统一的信息公开法时，地方政府信息公开以国家立法为活动准则。该模式以日本为代表。日本国会在1999年5月7日通过《信息公开法》之前，日本所有47个都道府县都通过了自己的政府信息公开条例。地方信息公开条例的颁布使得基层群众和组织能够依据该条例的规定获取地方政府的一些信息，并得以对地方政府活动进行监督。但由于条例的位阶低，且各地的规定不一致，操作性不强，事实上并没有形成对地方政府的监督。在基层民众的呼吁下，1999年通过了《国家政府信息公开法》。

（三）中央集中立法模式

中央集中立法模式是指由一个国家的最高立法机关统一制定效力及于全国的信息公开法律，对政府信息公开的各项基本内容作出统一规定的立法模式。这种模式以美国为典型代表，并为其他国家一一效仿。美国国会于1966年制定了《情报自由法》，相继出台了《联邦咨询委员会法》《隐私权法》《阳光下的政府法》及《电子情报自由法》，从不同角度对政府信息公开制度作了较为详细的规定，形成了较为完整的体系。

综观三种立法模式各有特色，但三种模式都是殊途同归，最终由议会制定统一的政府信息公开法，这是社会发展的趋势。其实，我国已经在2004年开始由各个地方制定了一系列的专门的政府信息公开的地方法规、规章或规范性文件，启动了地方先行立法模式。地方立法也基本上发挥了它的作用，但是由于立法背景、立法理念、立法技术的差异，导致各地的立法不一致，而造成法律适用上的冲突，出现公民、法人或者其他组织在该地依法能获得的政府信息而他则无法获得的现象，这样不利于公平机制的形成，也不利于政府权威的树立。现在，无论是理论界还是实务界已达成共识，我国应该采取中央集中立法模式，但是由最高国家权力机关制定法律还是由国务院制定行政法规在国内存在一定的争议。

中国人民大学教授韩大元倾向由最高国家权力机关制定信息公开法统一规范政府信息公开活动，他的主要理由是：第一，考虑与有关法律相协调、相衔接。我国的《保守国家秘密法》第8条规定了七项属于国家秘密的事项，这是属于事项豁免公开。理论上，除这七项豁免公开以外的事项都属于公开的范围。但长期以来，全国人大及其常务委员会并未就属于公开的事项怎样公开通过法律的形式作出规定。由于缺少信息公开法律与之衔接，致使政府机关所掌握的本来应该公开的信息处于保密状态。为了改变这种状况，只有制定法律为政府设定公开的义务，才能使政府掌握的信息该公开的公开，该保密的保密。第二，从已制定信息公开法的国家来看，政府信息公开法制化的阻力主要来自政府。如果政府先行立法，由其制定自身信息公开活动的规则，规则的制定因政府自身利益的缘故，不能保持立法的中立性和客观性，有可能出现权力与义务失衡，导致法律规范流于形式的情况。

北京大学姜明安教授认为，最好是由全国人大制定统一的信息公开法，主要理由有二：其一，全国人大立法地位比较超脱，目前，部门立法容易导致部门利益法制化而受到普遍诟病；其二，信息公开法是行政程序法的一部分，信息公开立法的重要性不比行政程序法弱，相当于物权法在民法中的地位，我们要像重视物权法一样重视信息公开法立法。

还有云南大学教授杨临宏也主张由全国人大制定统一的法律，并且由他们一个课题组提出了《中华人民共和国行政公开法（专家建议稿）》于2004年第6期云南大学学报法学版发表。由社科院的周汉华教授为代表的课题组成员则主张由国务院制定行政法规，并且也提出了《中华人民共和国政府信息公开条例草案（专家建议稿）》，并出版一套系列的政府信息公开的专著对其进行了详细、深入地论证。他们的主要理由如下：

第一，国务院制定政府信息公开条例是符合立法法所赋予的权限，国务院除了《立法法》第8条所列的事项外，行政法规对其他事项都可以立法，《立法法》第8条所列举的事项在范围上涉及人民代表大会、人民法院和人民检察院，在制裁上涉及创设限制人身自由的行政处罚和刑罚等，政府信息公开条例不涉及这些，所以，国务院完全不存在立法权限上的障碍。

第二，制定行政法规的速度较快，能及时满足我国实践对立法的需求。

第三，从法律效力上看，行政法规是我国法律体系的一部分，具有完全的法律效力，是人民法院判案的依据，不会影响该制度的权威性。

第四，由于信息公开条例是党和政府整个信息化战略中的重要部分，借助中央政府的统一部署和安排，必然会有助于条例的推行。

第五，我国的立法经验，先由地方立法或政府立法，等条件成熟，再由人民代表大会立法，有利于经验的积累和法律的最终实施。

第六，其他国家的立法经验是先制定条例，再制定法律。当然，周教授也作了补充说明，认为他们提出的建议稿针对的是信息公开制度的基本内容而不是法律形式上的差别，因此，它不仅适用于条例，其绝大部分内容完全可以适用未来的信息公开法。

笔者倾向由全国人大制定政府信息公开法。理由如下：

第一，从政府信息公开制度的意义看，在信息社会，它已经涉及每个公民的基本利益，并且涉及我们政府的未来，是法制社会、民主政治的基石，对这样的事项进行立法应该由人民代表大会来制定，才能秉持公正的立场，维护公民的利益。

第二，从我国行政法的价值理念的变迁来看，官本位思想、保密的传统影响还比较深，通过政府部门自身的立法来赋予公民广泛的权利，而为自身设定一定的义务确实需要一定的过程。

第三，我国的地方立法先行模式已经证明由我国政府制定规制自己的法律是不成功的，因为我国地方制定的有关政府信息公开的立法大部分是地方制定的行政规章或红头文件，它们存在很多的弊端，已在前文进行了详细地论述，再由国务院制定行政法规，如果不改变现行的立法机制，还会重蹈地方立法的覆辙。

第四，国际经验与我国国情不一样，有些国家在过渡阶段虽然制定了条例，但是基本都是走中央立法之路，而我国是地方立法先行，地方立法已经为我们提供了丰富的经验。

第五，良法是我们追求的真正目标，效率虽然也是立法的一项价值目标，但它只是次要的，不能追求速度而牺牲法律的善，正如老百姓所说：没有法律，期盼立法来保护他们的权益，可是法律出台以后，不仅没有保护他们的权益，还使得某些政府部门侵害他们的利益名正言顺。所以，现在法律不是少了，而是多了，尤其是政府部门的立法，泛滥成灾，所以，制定每一部法律都要审慎，宁缺毋滥。

基于以上的理由，我国应该由全国人大或常务委员会制定政府信息公开法较适合我国的国情。

参考文献

[1] 张艳杰 . 政府信息公开法律制度研究 [D]. 中国政法大学 ,2023.

[2] 蒋科俊 . 政府信息公开法律制度研究 [D]. 南京师范大学 ,2023.

[3] 吕建成 . 论我国政府信息公开制度的建立——以美国《情报自由法》为参照 [D]. 2005.

[4] 陈静 . 政府信息公开义务主体研究 [D]. 西南政法大学 ,2021.

[5] 肖圣忠 . 我国财政公开法律制度研究 [D]. 安徽大学 ,2007.

[6] 任冰 . 我国政府信息公开制度建设、问题与对策研究 [D]. 西北大学 ,2023.

[7] 赵凯冰 . 中美政府信息公开制度比较研究 [D]. 长春理工大学 ,2023.

[8] 颜剑 . 我国政府环境信息公开法律制度研究 [D]. 华中师范大学 ,2016.

[9] 刘心林 . 政府信息公开制度研究 [D]. 南京大学 ,2005.

[10] 卢永平 . 我国政府信息公开制度研究 [D]. 南京大学 ,2023.

[11] 胡涛 . 环境信息公开制度研究 [D]. 武汉大学 ,2023.

[12] 刘云兵 . 政府信息公开立法发展研究 [M]. 知识产权出版社 ,2011.

[13] 齐爱民 , 张万洪 . 电子化政府与政府信息公开法研究 [M]. 武汉大学出版社 ,2008.

[14] 魏洪伟 . 完善上海市政府信息公开制度研究 [M]. 2009.

[15] 蒋继伟 . 政府信息公开法律制度研究 [M]. 昆明理工大学 ,2012.

[16] 霍全生 . 政府信息公开法律制度研究 [M]. 2012.